KB244238

에스라, 느헤미야, 에스더 강해

AN EXPOSITION ON EZRA NEHEMIAH AND ESTHER

〔3판〕

김효성

Hyosung Kim

Th.M., Ph.D.

옛신앙

oldfaith

2023

머리말

주 예수 그리스도(마 5:18; 요 10:35)와 사도 바울(갈 3:6; 딤후 3:16)의 증거대로, 성경은 하나님의 말씀이다. 성경이 하나님의 말씀이며 우리의 신앙과 행위에 있어서 정확무오한 유일의 법칙이라는 고백은 우리의 신앙생활에 있어서 매우 기본적이고 중요하다.

웨스트민스터 신앙고백에 진술된 대로(1:8), 우리는 성경의 원본이 하나님의 감동으로 오류가 없이 기록되었고 그 본문이 "그의 독특한 배려와 섭리로 모든 시대에 순수하게 보존되었다"고 믿는다. 이것은 교회의 전통적 견해이다. 그러므로 구약성경에서 전통적 히브리어 마소라 본문을 중요히 여기며 야곱 벤 카임에 의해 편집한 제2 랍비 성경(봄버그판)을 표준적 본문으로 간주해야 한다고 본다.

성경은 성도 개인의 신앙생활뿐 아니라, 교회의 모든 활동들에도 유일한 규범이다. 오늘날처럼 다양한 풍조와 운동이 많은 영적 혼란의 시대에, 우리는 성경으로 돌아가 성경이 무엇을 말하는지 묵상하기를 원하며 성경에 계시된 하나님의 모든 뜻을 알기를 원한다.

성경으로 설교할지라도 그것을 바르게 해석하고 적용하지 않으면, 말씀의 기근이 올 것이다(암 8:11). 오늘날 많은 설교와 성경강해가 있지만, 순수한 성경 지식과 입장은 더 흐려지고 있는 것 같다.

그러므로 오늘날 요구되는 성경강해는 성경 본문의 뜻을 명료하게 해석하고 적용하는 것일 것이다. 실상, 우리는 성경책 한 권으로 충분하다. 성도는, 유일한 선생님이신 성령의 지도를 구하며 성경을 읽어야 하고, 성경강해는 오직 작은 참고서로만 사용해야 할 것이다.

심히 부족한 종에게 지혜와 분별력과 간절함과 건강을 주시고 또 약한 남편을 위해 일평생 헌신한 아내를 주시고 또 많은 기도와 물질로 후원한 성도들과 합정동 교회를 주신 하나님께만 영광을 돌린다.

에스라

내용 목차

서론

구약성경 39권의 책들 중에 12권의 역사서들이 있는데,1) 그 역사 서들 중에 에스라, 느헤미야, 에스더는 70년 바벨론 포로 생활 이후 의 역사를 기록한다. 히브리어 성경에는 에스라와 느헤미야가 한 권 의 책으로 간주된다. 전통적인 히브리어 맛소라 사본에는 느헤미야 끝부분에 에스라와 느헤미야 두 책의 모든 절수의 합계가 기록되어 있다. 에스라의 **주요 내용**은 성전 재건(1-6장)과 회개(7-10장)이다. 본서의 **특징적 진리**는 하나님의 백성의 순결성이다.

본문 혹은 각주에 자주 사용된 약어

KJV	영어 King James Version
NASB	영어 New American Standard Version
NIV	영어 New International Version
LXX	고대 헬라어 70인역
Syr	고대 수리아어역
It	고대 라틴어역
Vg	고대 라틴어 Vulgate역
BDB	Brown-Driver-Briggs, *Hebrew Lexicon of the O. T.*
KB	Koehler-Baumgartner, *Lexicon in Veteris Testamenti Libros.*
Langenscheidt	*Langenscheidt Pocket Hebrew Dictionary.*
NBD	*The New Bible Dictionary.* IVP.
Poole	Matthew Poole, *A Commentary on the Holy Bible.*
JFB	Jamieson-Faussett-Brown, *A Commentary.*

---

1) 물론, 모세오경 중에도 창세기나 민수기는 역사적 내용이 대부분이고 구약성경의 그 외의 부분들에도 역사적 내용이 없지는 않다.

1장: 하나님께서 고레스를 감동시키심

〔1-4절〕 바사 왕 고레스 원년에 여호와께서 예레미야의 입으로 하신 말씀을 응하게 하시려고 바사 왕 고레스의 마음을 감동시키시매 저가 온 나라에 공포도 하고 조서도 내려 가로되 바사 왕 고레스는 말하노니 하늘의 신 여호와께서 세상 만국으로 내게 주셨고 나를 명하사 유다 예루살렘에 전을 건축하라 하셨나니 이스라엘의 하나님은 참 신(하 엘로힘 הָאֱלֹהִים)(the God)(KJV, NASB)이시라. 너희 중에 무릇 그 백성된 자는 다 유다 예루살렘으로 올라가서 거기 있는 여호와의 전을 건축하라. 너희 하나님이 함께하시기를 원하노라. 무릇 그 남아 있는 백성이 어느 곳에 우거하였든지 그곳 사람들이 마땅히 은과 금과 기타 물건과 짐승으로 도와주고 그 외에도 예루살렘 하나님의 전을 위하여 예물을 즐거이 드릴지니라 하였더라.

바사 왕 고레스 원년, 즉 주전 537년경에 여호와께서는 예레미야의 입으로 하신 말씀을 응하게 하시려고 고레스의 마음을 감동시키셔서 그가 온 나라에 공포하고 조서를 내려 유대인들이 고국으로 돌아가 성전을 건축하라고 허락했다. 이것은 역대하 36:21-22에도 언급된 바이다. 하나님께서는 이방나라의 왕인 고레스의 마음을 감동시키셨다.

예레미야의 입으로 하신 말씀은 예레미야 25:12와 29:10에 기록된 예언을 말한다. "나 여호와가 말하노라. 70년이 마치면 내가 바벨론 왕과 그 나라와 갈대아인의 땅을 그 죄악으로 인하여 벌하여 영영히 황무케 하리라," "바벨론에서 70년이 차면 내가 너희를 권고하고 나의 선한 말을 너희에게 실행하여 너희를 이곳으로 돌아오게 하리라."

고레스는 여호와 하나님을 "하늘의 신 여호와"라고 불렀다. '하늘의 신'이란 하늘에 계신 하나님(단 2:19, 28, 37, 44), 지극히 높이 계신 하나님, 하늘과 하늘의 해와 달과 별들을 주관하시는 하나님, 바람과 비와 눈, 특히 폭풍과 폭우와 폭설을 주관하시는 하나님, 번개와 천둥과 벼락을 주관하시는 하나님을 가리킬 것이다.

고레스는 그 하나님께서 세계 만국을 그에게 주셨다고 증거하였다. 이것은 놀라운 하나님의 지식이며 하나님 신앙이다. 그가 어떻게 이런 놀라운 믿음과 지식을 가지게 되었는지 알 수 없으나, 그는 확실히 하나님을 경외하고 하나님께서 천지의 주관자이심을 아는 자이었고 그 앞에서 자신을 낮추는 겸손한 자이었다.

더욱이, 그는 유대 땅 예루살렘에 성전을 건축하라는 하나님의 명을 받았다고 말했다. 그는 여호와 이스라엘의 하나님을 참 신이라고 고백하였다. 이것은 그에게 하나님에 대한 참된 지식과 믿음이 있었음을 보인다. 또 그는 이스라엘 백성의 귀국을 허락하고 오히려 권면하였다. 이 모든 일들은 놀라운 일이 아닐 수 없다.

〔5-11절〕 이에 유다와 베냐민 족장들과 제사장들과 레위 사람들과 무릇 그 마음이 하나님께 감동을 받고 올라가서 예루살렘 여호와의 전을 건축코자 하는 자가 다 일어나니 그 사면 사람들이 은그릇과 황금과 기타 물건과 짐승과 보물로 돕고 그 외에도 예물을 즐거이 드렸더라. 고레스 왕이 또 여호와의 전 기명(器皿)[그릇들]을 꺼내니 옛적에 느부갓네살이 예루살렘에서 옮겨다가 자기 신들의 당(堂)[전]에 두었던 것이라. 바사 왕 고레스가 고지기[창고지기] 미드르닷을 명하여 그 그릇을 꺼내어 계수하여 유다 목백[방백] 세스바살에게 붙이니 그 수효는 금반이 30이요 은반이 1천이요 칼이 29요 금대접이 30이요 그보다 차한[못한] 은대접이 410이요 기타 기명이 1천이니 금, 은기명의 도합이 5,400이라. 사로잡힌 자를 바벨론에서 예루살렘으로 데리고 올 때에 세스바살이 그 기명들을 다 가지고 왔더라.

고레스의 칙령에 따라, 유다와 베냐민 족장들과 제사장들과 레위 사람들과 무릇 그 마음이 하나님께 감동을 받고 올라가서 예루살렘 여호와의 전을 건축코자 하는 자들이 다 일어났고 그 주위의 사람들이 은그릇과 황금과 기타 물건과 짐승과 보물로 돕고 그 외에도 예물을 즐거이 드렸다. 고레스 왕은 또 여호와의 전 그릇들을 꺼내었는데 그것은 옛적에 느부갓네살이 예루살렘에서 옮겨다가 그의 신들의 전에 두었던 것이다. 바사 왕 고레스는 창고지기 미드르닷을 명하여 그 그릇을 꺼내어 세어 유다 목백 세스바살에게 맡겼다. 그들이 돌아올 때 세스바살은 그 그릇들을 다 가지고 왔다.

목백(나시 נָשִׂיא)[방백] 세스바살이 누구인지 에스라서가 분명하게 말하지는 않지만, 5:14에서 그를 '총독'(페카 פֶּחָה)이라고 부르는 것을 보면, 그는 스룹바벨을 가리킨 것 같다. 학개 1:1은 스룹바벨을 유다 '총독'(페카 פֶּחָה)이라고 불렀다.

본장의 교훈을 정리해보자. 첫째로, 하나님께서는 선지자 예레미야를 통해 70년 후 포로 귀환이 있을 것을 예언하셨고 때가 되어 그 예언을 이루셨다. 그는 무엇을 예언하시고 그 예언을 이루시는 하나님이시다. 우리는 하나님께서 주 예수 그리스도의 재림과 몸의 부활과 영광의 천국과 영생의 약속도 반드시 이루어주실 것을 믿고 확신해야 한다.

둘째로, 바벨론 포로생활에서 해방되어 고국으로 돌아온다는 것은 불가능한 일이었지만, 여호와 하나님께서는 이방나라의 왕 고레스를 감동시키셔서 그 일을 가능하게 하셨다. 그는 세계 만국을 고레스에게 주셨고 유다 백성을 고국으로 돌아가게 하고 성전을 짓게 할 마음을 그에게 주셨다. 그는 온 세계를 다스리시는 주권적 섭리자이시다.

셋째로, 고레스는 여호와 하나님을 하늘의 신이며 참 신이라고 고백하였다. 사람들은 세상에서 땅에 속하여 살지만, 온 세상의 창조자시요 섭리자이신 하나님께서는 하늘에 계시며 세상을 초월하신 지극히 높으신 신이시다. 그는 홀로 해와 달과 별들, 바람과 비와 눈, 폭풍과 폭우와 폭설을 주관하시는 자이시다. 우리는 그 하나님을 바로 알아야 한다.

넷째로, 고레스는 여호와 하나님의 전을 짓고 하나님께 제사를 드리게 하기를 원했다. 하나님께서는 찬송과 경배를 받으시기에 합당하시며(계 5:12-13) 진심으로 예배하는 자들을 찾으신다(요 4:23). 그는 사람들에게 섬김을 받으셔야 마땅한 하나님이시다. 그러므로 우리는 하나님을 섬기며 경배하며 찬송하고 기도하고 의지하고 순종해야 한다.

2장: 돌아온 자의 수

〔1-2절〕옛적에 바벨론 왕 느부갓네살에게 사로잡혀 바벨론으로 갔던 자의 자손 중에서 놓임을 받고 예루살렘과 유다 도(道)로 돌아와 각기 본성에 이른 자 곧 스룹바벨과 예수아와 느헤미야와 스라야와 르엘라야와 모르드개와 빌산과 미스발과 비그왜와 르훔과 바아나 등과 함께 나온 이스라엘 백성의 명수가 이러하니.

본장은 바벨론에서 돌아온 자들의 수를 기록하였다. 바벨론에서 돌아온 사건은 하나님의 전적인 은혜의 일이었다. 하나님께서는 우선 이스라엘 백성에게 지도적 인물들을 주셨다. 2절은 총독 스룹바벨과 대제사장 예수아를 비롯하여 11명의 이름을 기록하고 있다. 그들은 돌아온 백성의 지도자들이었다고 보인다.

〔3-20절〕바로스 자손이 2,172명이요 스바댜 자손이 372명이요 아라 자손이 775명이요 바핫모압 자손 곧 예수아와 요압 자손이 2,812명이요 엘람 자손이 1,254명이요 삿두 자손이 945명이요 삭개 자손이 760명이요 바니 자손이 642명이요 브배 자손이 623명이요 아스갓 자손이 1,222명이요 아도니감 자손이 666명이요 비그왜 자손이 2,056명이요 아딘 자손이 454명이요 아델 자손 곧 히스기야 자손이 98명이요 베새 자손이 323명이요 요라 자손이 112명이요 하숨 자손이 223명이요 깁발 자손이 95명이요.

3-20절은 열여덟 명의 이름들의 자손들의 수효를 기록하고 있다. 그들 선조들은 포로 생활 중에 회개하고 믿음을 회복한 듯하다. 그들의 자손들은 하나님의 뜻에 복종하여 고국으로 돌아왔다. 본장과 느헤미야 7장과의 숫자의 차이는 분류 방법의 차이일 것이다.

〔21-35절〕베들레헴 사람이 123명이요 느도바 사람이 56명이요 아나돗 사람이 128명이요 아스마웻 자손이 42명이요 기랴다림과 그비라와 브에롯 자손이 743명이요 라마와 게바 자손이 621명이요 믹마스 사람이 122명이요 벧엘과 아이 사람이 223명이요 느보 자손이 52명이요 막비스

자손이 156명이요 다른 엘람 자손이 1,254명이요 하림 자손이 320명이요 로드와 하딧과 오노 자손이 725명이요 여리고 자손이 345명이요 스나아 자손이 3,630명이었더라.

21-35절은 여러 지역들의 사람들의 수효를 기록한 것 같다. 그들은 비록 유다와 베냐민 지파에 속한 자들이지만, 어느 사람의 자손들로 분류되기 어려운 자들이었던 것 같다. 그들도 복종하여 돌아왔다.

〔36-42절〕 제사장들은 예수아의 집 여다야 자손이 973명이요 임멜 자손이 1,052명이요 바스훌 자손이 1,247명이요 하림 자손이 1,017명이었더라. 레위 사람은 호다위야 자손 곧 예수아와 갓미엘 자손이 74명이요 노래하는 자들은 아삽 자손이 128명이요 문지기의 자손들은 살룸과 아델과 달문과 악굽과 하디다와 소배 자손이 모두 139명이었더라.

돌아온 자들 중에는, 특히 제사장들과 레위인들이 있었다. 그들은 성전 제사 회복에 필요한 자들이었다. 레위인들 중에는 일반 레위인들 외에 노래하는 자들과 문지기들의 자손들도 있었다.

〔43-58절〕 느디님 사람들[성전의 수종자들](NASB, NIV)은 시하 자손과 하수바 자손과 답바옷 자손과 게로스 자손과 시아하 자손과 바돈 자손과 르바나 자손과 하가바 자손과 악굽 자손과 하갑 자손과 사믈래 자손과 하난 자손과 깃델 자손과 가할 자손과 르아야 자손과 르신 자손과 느고다 자손과 갓삼 자손과 웃사 자손과 바세아 자손과 베새 자손과 아스나 자손과 므우님 자손과 느부심 자손과 박북 자손과 하그바 자손과 할훌 자손과 바슬룻 자손과 므히다 자손과 하르사 자손과 바르고스 자손과 시스라 자손과 데마 자손과 느시야 자손과 하디바 자손이었더라. 솔로몬의 신복의 자손은 소대 자손과 하소베렛 자손과 브루다 자손과 야알라 자손과 다르곤 자손과 깃델 자손과 스바댜 자손과 하딜 자손과 보게렛하스바임 자손과 아미 자손이니 모든 느디님 사람과 솔로몬의 신복의 자손이 392명이었더라.

돌아온 자들 중에는 종들도 있었다. '느디님 사람들'은 성전에서 일한 종들이었다. 이들은 나무를 패며 물을 긷는 일을 한 기브온 족속처럼(수 9:27) 이방인들 중에서 이스라엘 백성이 된 자들이었을 것이다. 모든 느디님 사람들과 솔로몬의 신복의 자손의 수는 392명이었다. 그 선조들의 이름이 많이 기록된 것을 보면, 비록 종들이었지만, 하나님 앞에서 충성되었던 것 같다. 그것은 하나님의 은혜이었다.

이와 같이, 돌아온 자들은 각 가족과 소속을 따라 정확히 파악되었고 그 선조의 이름이나 출신 지역과 그 수효가 정확히 기록되었다. 하나님께서는 이렇게 큰 일을 이루셨다. 하나님께서 하시면 모든 일이 가능하지만, 그가 하지 않으시면 아무 일도 가능하지 않다.

〔59-63절〕 델멜라와 델하르사와 그룹과 앗단과 임멜에서 올라온 자가 있으나 그 종족과 보계[족보]가 이스라엘에 속하였는지는 증거할 수 없으니 저희는 들라야 자손과 도비야 자손과 느고다 자손이라. 도합이 652명이요, 제사장 중에는 하바야 자손과 학고스 자손과 바르실래 자손이니 바르실래는 길르앗 사람 바르실래의 딸 중에 하나로 아내를 삼고 바르실래의 이름으로 이름한 자라. 이 사람들이 보계[족보] 중에서 자기 이름을 찾아도 얻지 못한 고로 저희를 부정(不淨)하게 여겨 제사장의 직분을 행치 못하게 하고 방백(티르샤사 הַתִּרְשָׁתָא)(파사 총독 명칭)이 저희에게 명하여 우림과 둠밈을 가진 제사장이 일어나기 전에는 지성물(至聖物)을 먹지 말라 하였느니라.

돌아온 자들 중에 소속과 족보가 불확실한 자들도 있었다. 그들은 그 소속과 족보가 불확실하다고 기록되었다. 그들의 수효가 652명이나 되었다. 그들은 소속과 족보를 잃어버린 흠이 있는 자들이었다.

제사장들 중에도 족보가 불확실한 자들이 있었다. 그들은 부정(不淨)하게 여겨져 제사장의 직분에서 제외시켰고 그 직분을 행치 못하게 했다. 그것은 바른 처사이었다. 63절은, "방백이 저희에게 명하여 우림과 둠밈을 가진 제사장이 일어나기 전에는 지성물(至聖物; 하나님께 바쳐진 제물)을 먹지 말라 하였느니라"고 말한다. 방백(티르솨사 הַתִּרְשָׁתָא)은 파사 총독을 가리키는 말로 보인다. 그는 스룹바벨을 가리킬 것이다. '우림과 둠밈'은 그 정확한 내용이 알려져 있지 않지만 하나님의 뜻을 분명하게 판단하는 한 방법이었다고 보인다.

〔64-67절〕 온 회중의 합계가 42,360명이요 그 외에 노비가 7,337명이요 노래하는 남녀가 200명이요 말이 736이요 노새가 245요 약대가

435요 나귀가 6,720이었더라.

파사 왕 고레스의 칙령으로 바벨론 포로생활로부터 해방되어 돌아온 자들의 온 회중의 합계가 42,360명이었다. 느헤미야 7장에도 돌아온 자들의 수효가 기록되어 있다. 분류 방법의 차이가 있는 것 같으나 온 회중의 합계는 동일하였다. 그 외에 종들이 7,337명이요 노래하는 남녀들이 200명이요 말이 736마리요 노새가 245마리요 약대가 435마리요 나귀가 6,720마리이었다.

〔68-70절〕 어떤 족장들이 예루살렘 여호와의 전 터에 이르러 하나님의 전을 그곳에 다시 건축하려고 예물을 즐거이 드리되 역량대로[능력대로] 역사하는 곳간에 드리니 금이 61,000다릭[512킬로그램]이요 은이 5,000마네[2,500킬로그램]요2) 제사장의 옷이 100벌이었더라. 이에 제사장들과 레위 사람들과 백성 몇과 노래하는 자들과 문지기들과 느디님 사람들이 그 본성들에 거하고 이스라엘 무리도 그 본성들에 거하였느니라.

마지막 몇 절은 돌아온 자들 중에 어떤 족장들이 하나님께 예물을 드렸다는 것을 기록한다. 그들은 몸과 마음을 하나님께 드렸다. 그들은 70년 동안 정착했던 바벨론에서의 삶의 터전을 다 버리고 고국으로 돌아오는 결단을 했다. 그들은 신앙의 회복과 계승을 가진 자들이었다고 보인다. 그 족장들은 하나님의 전을 다시 건축하기 위해 물질까지 즐거이, 자원하여(68절) 그리고 그 힘대로(69절) 드렸다.

본장의 교훈을 정리해보자. 첫째로, 본장에 기록된 42,360명의 사람들은 하나님의 은혜로 돌아온 자들이었다. 오늘날도 죄와 마귀와 멸망으로부터의 구원은 하나님의 전적인 은혜로 된다. 우리의 구원은 하나님의 전적인 은혜이다. 죄인들의 영혼의 구원은 오직 하나님의 은혜이다. 로마서 3:23-24, "모든 사람이 죄를 범하였으매 하나님의 영광에 이

---

2) 1다릭은 약 130그레인(grains)이며 1그레인(grain; 밀 한 알의 무게)이 약 0.0648그램(g)이므로 1다릭은 약 8.4그램이다. 1마네는 약 500그램이다.

르지 못하더니 그리스도 예수 안에 있는 구속(救贖)으로 말미암아 하나님의 은혜로 값없이 의롭다 하심을 얻은 자 되었느니라.” 에베소서 2:8, “너희가 그 은혜를 인하여 믿음으로 말미암아 구원을 얻었나니 이것이 너희에게서 난 것이 아니요 하나님의 선물이라.”

둘째로, 바벨론에서 돌아온 자들의 수가 정확히 기록되었다. 돌아온 자들의 온 회중의 합계가 42,360명이었다. 예수 그리스도로 말미암아 구원 얻을 자들의 수도 정확할 것이다. 사람의 머리털까지도 세시는(마 10:30) 하나님께서는 구원 얻을 영혼들의 정확한 수효를 아실 것이다. 주께서는 “나를 보내신 이의 뜻은 내게 주신 자 중에 내가 하나도 잃어버리지 아니하고 마지막 날에 다시 살리는 이것이니라”고 말씀하셨다(요 6:39). 사도 바울은 그 수효를 ‘충만한 수’라고 표현하였다(롬 11:25). 사도 요한은 그 수효를 14만 4천이라고 증거했고 그들을 “땅에서 구속(救贖)함을 얻은” 자들이라고 표현하였다(계 14:3). 그것은 상징적 숫자, 12x12x1000 즉 충만한 수라는 뜻이라고 생각된다. 과연 그는 “각 나라와 족속과 백성과 방언에서 아무라도 능히 셀 수 없는 큰 무리가 흰옷을 입고 손에 종려가지를 들고 보좌 앞과 어린양 앞에 선 것”을 보았다(계 7:9). 하나님께서는 충만한 수의 사람들을 구원하실 것이다. 그들의 수는 정확하고 그들은 하나도 잃어지지 않고 다 구원을 얻을 것이다.

셋째로, 돌아온 자들 안에는 지도자들과 일꾼들이 포함되어 있었다. 하나님께서는 성전 재건과 제사 제도의 회복을 위해 필요한 지도자들과 제사장들과 레위인들과 기타 봉사할 자들을 예비하셨다. 신약교회에도 하나님께서 많은 지도자들과 일꾼들을 일으키셨다. 주의 말씀대로, 추수할 것은 많되 일꾼이 적으므로 우리는 추수하는 주인에게 청하여 추수할 일꾼들을 보내어 주소서 하고 기도해야 한다(마 9:37-38). 주께서는 교회에 각양의 은사들과 직분들을 주시고 그들을 통해 역사하신다(고전 12:4-6). 우리 몸에 각 지체를 주셨듯이(고전 12:18), 하나님께서는 오늘날도 교회를 위해 많은 일꾼들과 헌신자들을 주실 것이다.

3장: 성전 건축을 시작함

〔1-6절〕 이스라엘 자손이 그 본성에 거하였더니 7월에 이르러 일제히 예루살렘에 모인지라. 요사닥의 아들 예수아와 그 형제 제사장들과 스알디엘의 아들 스룹바벨과 그 형제들이 다 일어나 이스라엘 하나님의 단을 만들고 하나님의 사람 모세의 율법에 기록한 대로 번제를 그 위에 드리려 할새 무리가 열국 백성을 두려워하여 단을 그 터에 세우고 그 위에 조석으로 여호와께 번제를 드리며 기록된 규례대로 초막절을 지켜 번제를 매일 정수대로 날마다 드리고 그 후에는 항상 드리는 번제와 초하루와 여호와의 모든 거룩한 절기의 번제와 사람이 여호와께 즐거이 드리는 예물을 드리되 7월 초하루[월삭]부터 비로소 여호와께 번제를 드렸으나 그때에 여호와의 전 지대(地臺)[기초]는 오히려 놓지 못한지라.

파사 왕 고레스의 칙령으로 바벨론에서 고국으로 돌아온 이스라엘 자손이 그 본성 예루살렘에 거하였는데, 7월에 이르러 일제히 예루살렘에 모였다. 요사닥의 아들 대제사장 예수아와 그 형제 제사장들과 스알디엘의 아들 유다 총독 스룹바벨과 그 형제들은 다 일어나 이스라엘 하나님의 단을 만들고 하나님의 사람 모세의 율법에 기록한 대로 번제를 그 위에 드리려 했다. 번제는 예수 그리스도의 속죄사역과 성도들의 온전한 헌신을 상징한다고 생각되는 제사이었다.

무리는 열국 백성을 두려워하여 단을 그 터에 세우고 그 위에 아침 저녁으로 여호와께 번제를 드렸다. 그들은 두려운 일이 있을 때 더욱 아침 저녁으로 제사 드리며 하나님을 섬겼다. 또 그들은 기록된 규례대로 초막절을 지켜 번제를 첫째 날부터 여덟째 날까지 정한 수대로 날마다 드렸다. 또 그 후에는 그들이 항상 드리는 번제와 초하루와 여호와의 모든 거룩한 절기의 번제와 사람이 여호와께 즐거이 드리는 예물을 드렸다. 이와 같이 그들은 7월 초하루부터 비로소 여호와께 번제를 드렸다. 그러나 그때에 성전의 기초는 아직 놓지 못했다.

〔7절〕 이에 석수와 목수에게 돈을 주고 또 시돈 사람과 두로 사람에게 먹을 것과 마실 것과 기름을 주고 바사 왕 고레스의 조서대로 백향목을 레바논에서 욥바 해변까지 수운[운반]하게 하였더라.

성전 건축을 위해 기술자들과 돌과 나무의 자재들이 준비되었다.

〔8-13절〕 예루살렘 하나님의 전에 이른 지 2년 2월에 스알디엘의 아들 스룹바벨과 요사닥의 아들 예수아와 다른 형제 제사장들과 레위 사람들과 무릇 사로잡혔다가 예루살렘에 돌아온 자들이 역사(役事)를 시작하고 20세 이상의 레위 사람들을 세워 여호와의 전 역사를 감독하게 하매 이에 예수아와 그 아들들과 그 형제들과 갓미엘과 그 아들들과 유다 자손과 헤나닷 자손과 그 형제 레위 사람들이 일제히 일어나 하나님의 전 공장을 감독하니라. 건축자가 여호와의 전 지대를 놓을 때에 제사장들은 예복을 입고 나팔을 들고 아삽 자손 레위 사람들은 제금을 들고 서서 이스라엘 왕 다윗의 규례대로 여호와를 찬송하되 서로 찬송가를 화답하며 여호와께 감사하여 가로되 주는 지선(至善)하시므로 그 인자하심이 이스라엘에게 영원하시도다 하니 모든 백성이 여호와의 전 지대가 놓임을 보고 여호와를 찬송하며 큰 소리로 즐거이 부르며 제사장들과 레위 사람들과 족장들 중에 여러 노인은 첫 성전을 보았던 고로 이제 이 전 지대 놓임을 보고 대성통곡하며 여러 사람은 기뻐하여 즐거이 부르니 백성의 크게 외치는 소리가 멀리 들리므로 즐거이 부르는 소리와 통곡하는 소리를 백성들이 분변[분간]치 못하였느니라.

바벨론에서 돌아온 유대인들은 2년 즉 주전 536년경 2월에 성전의 기초를 놓기 시작하였다. 그때 무리들의 기쁨의 찬송 소리와 노인들의 통곡 소리가 뒤섞였다. 노인들의 울음은 그들 선조들의 죄로 인한 예루살렘 멸망의 회상과, 꿈 같은 바벨론 포로 귀환의 일을 허락하신 하나님의 크신 은혜에 대한 감사에서 나온 울음이었을 것이다.

본장의 교훈을 정리해보자. 첫째로, 바벨론에서 돌아온 유대인들은 하나님께 번제를 드릴 단을 쌓았고 또 하나님의 전을 짓기를 원하였다. 구약의 제사 제도와 성전 제도는 예수 그리스도를 예표한다. 제사들 중에 가장 일반적인 번제의 일차적 의미는 속죄이었다. 레위기 1:3-4, "그 예물이 소의 번제이면 흠 없는 수컷으로 회막 문에서 여호와 앞에 열납하시도록 드릴지니라. 그가 번제물의 머리에 안수할지니 그리하면 열납되어 그를 위하여 속죄가 될 것이라.” 속죄는 예수 그리스도의 사역의 핵심적 의미이다. 구약시대의 성전도 예수 그리스도를 예표하였다. 돌아온 유다 백성이 제사를 드리고 성전을 지으려 했던 것처럼, 우리는 예수 그리스도만 믿고 의지하고 그를 힘입어 하나님을 섬겨야 한다.

둘째로, 돌아온 유대인들은 모세 율법에 기록된 대로 하나님께 제사들을 드리고 절기들을 지키고 하나님을 찬송하고 감사한 것은 그들이 하나님을 경외하고 그를 섬기려 했음을 보여준다. 하나님께 참된 예배를 드리는 것은 사람의 기본적인 의무이며 구원받은 성도들의 당연한 의무이다. 전도서 12:13은, “일의 결국을 다 들었으니 하나님을 경외하고 그 명령을 지킬지어다. 이것이 사람의 본분[모든 것]이니라”고 말했다. 우리는 하나님께 예배드리기를 힘써야 한다. 우리는 개인적으로도 또 시시때때로 가정적으로나 교회적으로도 모여 하나님께 예배드리고 찬송하고 기도하고 하나님의 말씀인 성경을 읽고 묵상해야 한다.

셋째로, 바벨론에서 돌아온 자들이 하나님의 성전 짓기를 원한 것은 그들이 하나님 중심, 성전 중심의 생활을 하기를 소원한 것을 나타낸다. 그것은 성경적이며 하나님의 뜻이다. 성전 중심으로 산다는 말은 하나님 중심으로 살고 예수 그리스도 중심으로 사는 것을 의미한다. 우리는 하나님 중심으로, 예수 그리스도 중심으로 살아야 한다. 우리는 예수 그리스도의 십자가 의만 의지하며 그의 이름으로 하나님을 찬송하고 그의 이름으로 기도하고 그의 이름으로 하나님을 섬긴다. 또 성전 중심으로 산다는 말은 성경말씀 중심으로 살고 교회 중심으로 사는 것을 의미할 것이다. 우리가 하나님 중심으로 산다면 그의 말씀 중심으로 살아야 한다. 하나님을 섬기는 것은 그의 계명을 순종하는 것이다. 또 주께서 피 흘려 구속(救贖)하신 성도들의 모임인 교회는 하나님의 성전이므로 (고전 3:16), 우리는 교회를 사랑하고 교회 중심으로 살아야 한다.

4장: 성전 건축이 방해를 받음

〔1-6절〕 유다와 베냐민의 대적이 사로잡혔던 자의 자손이 이스라엘 하나님 여호와를 위하여 전을 건축한다 함을 듣고 스룹바벨과 족장들에게 나아와 이르되 우리로 너희와 함께 건축하게 하라. 우리도 너희같이 너희 하나님을 구하노라. 앗수르 왕 에살핫돈이 우리를 이리로 오게 한 날부터 우리가 하나님께 제사를 드리노라. 스룹바벨과 예수아와 기타 이스라엘 족장들이 이르되 우리 하나님의 전을 건축하는 데 너희는 우리와 상관이 없느니라. 바사 왕 고레스가 우리에게 명하신 대로 우리가 이스라엘 하나님 여호와를 위하여 홀로 건축하리라 하였더니 이로부터 그 땅 백성이 유다 백성의 손을 약하게 하여 그 건축을 방해하되 바사 왕 고레스의 시대부터 바사 왕 다리오가 즉위할 때까지 의사(議士)들[법조인들, counsellors]에게 뇌물을 주어 그 경영을 저희(沮戲)(저해)하였으며[방해하고 좌절시켰으며] 또 아하수에로가 즉위할 때에 저희가 글을 올려 유다와 예루살렘 거민을 고소하니라.

그 땅, 특히 사마리아 지방에 살았던 자들이 유다와 베냐민 사람들을 대적했다. 그들은 앗수르 왕 에살핫돈(주전 681-669년경에 통치)이 그곳에 와 살게 한 자들이었다. 에살핫돈이 앗수르 사람들을 사마리아 땅에 이주시킨 일은 열왕기하 17장에 기록되어 있다. 열왕기하 17:24, "앗수르 왕이 바벨론과 구다와 아와와 하맛과 스발와임에서 사람을 옮겨다가 이스라엘 자손을 대신하여 사마리아 여러 성읍에 두매 저희가 사마리아를 차지하여 그 여러 성읍에 거하니라."

그들은 사마리아 땅에서 여호와 하나님만 섬긴 것이 아니고 그들의 신들과 여호와를 함께 섬겼다. 그들은 혼합주의자들이었고 오늘날 종교 다원주의자들과 비슷했다. 열왕기하 17:29-33, "각 민족이 각기 자기의 신상들을 만들어 사마리아 사람의 지은 여러 산당에 두되 각 민족이 자기의 거한 성읍에서 그렇게 하여 바벨론 사람들은 숙곳브놋을 만들었고 굿 사람들은 네르갈을 만들었고 하맛 사람들은 아시마를 만들었고 아와 사람들은 닙하스와 다르닥을 만들었고 스발와임 사람들은 그 자녀를 불살라 그 신 아드람멜렉과 아남멜렉에게 드렸으며 저희가 또 여호와를 경외하여 자기 중에서 사람을 산당의 제사장으로 택하여 그 산당에서 자기를 위하여 제사를 드리게 하니라. 이와 같이 저희가 여호와도 경외하고 또한 어디서부터 옮겨왔든지 그 민족의 풍속대로 자기의 신들도 섬겼더라.”

그러므로 스룹바벨과 예수아와 유다 지도자들은 그들에게 “우리 하나님의 전을 건축하는 데 너희는 우리와 상관이 없느니라. 바사 왕 고레스가 우리에게 명하신 대로 우리가 이스라엘 하나님 여호와를 위하여 홀로 건축하리라”고 대답했다. 스룹바벨과 유다 지도자들의 거절은 바르고 정당했다. 하나님의 일은 순수하게 이루어져야 한다.

그러나 이때부터 그 땅 백성은 유다 백성의 손을 약하게 하여 그 건축을 방해하였다. 그들은 바사 왕 고레스의 시대부터 바사 왕 다리오(주전 522-485년경 통치)가 즉위할 때까지 법조인들에게 뇌물을 주어 그 계획을 방해하고 좌절시켰다. 고레스 칙령이 주전 537년경이고, 성전 기초를 놓았을 때가 그들이 예루살렘에 돌아온 지 2년 2월이었으므로(스 3:8) 주전 536년경이었고, 다리오가 즉위할 때가 주전 522년경이었으므로 약 14-15년간 방해를 받고 지연되었다고 보인다. 또 아하수에로가 즉위할 때 그들은 글을 올려 유다와 예루살렘 거민을 고소하였다. 여기의 ‘아하수에로’는 문맥적으로 볼 때 고레스 왕의 아들 캄비시스 2세를 가리킨 것 같다(23-24절, Poole, JFB).

〔7-10절〕 아닥사스다 때에 비슬람과 미드르닷과 다브엘과 그 동료들이 바사 왕 아닥사스다에게 글을 올렸으니 그 글은 아람 문자와 아람 방언으로 써서 진술하였더라. 방백 르훔과 서기관 심새가 아닥사스다 왕에게 올려 예루살렘 백성을 고소한 그 글에 방백 르훔과 서기관 심새와 그 동료 디나 사람과 아바삿 사람과 다블래 사람과 아바새 사람과 아렉 사람과 바벨론 사람과 수산 사람과 데해 사람과 엘람 사람과 기타 백성 곧 존귀한 오스납발이

사마리아 성과 강 서편 다른 땅에 옮겨 둔 자들과 함께 고한다 하였더라.

여기의 '아닥사스다'도 문맥적으로 캄비시스를 가리켰다고 본다. 아하수에로는 갈대아식 이름이고 아닥사스다는 파사식 이름이었을 것이다(Poole). 그 글은 아람 문자와 아람 방언으로 쓰여졌다. 에스라 4:8-6:18은 히브리어가 아니고 당시 통용된 아람어로 기록되어 있다. 대적자들은 파사 관리들과 또 사마리아 땅에 살고 있었던 여러 족속들과 연합하여 왕에게 유다 백성을 고소하였다.

〔11-16절〕 아닥사스다 왕에게 올린 그 글의 초본[사본]은 이러하니 강 서편에 있는 신복들은 왕에게 고하나이다. 왕에게서 올라온 유다 사람들이 우리의 곳 예루살렘에 이르러 이 패역하고 악한 성읍을 건축하는데 이미 그 지대[성벽]를 수축하고 성곽[기초](KJV, NASB)을 건축하오니 이제 왕은 아시옵소서. 만일 이 성읍을 건축하며 그 성곽을 마치면 저 무리가 다시는 조공과 잡세와 부세를 바치지 아니하리니 필경 왕들에게 손해가 되리이다. 우리가 이제 궁의 소금을 먹는 고로 왕의 수치 당함을 참아 보지 못하여 보내어 왕에게 고하오니 왕은 열조의 사기(史記)를 살피시면 그 사기에서 이 성읍은 패역한 성읍이라. 예로부터 그 중에서 항상 반역하는 일을 행하여 열왕과 각 도에 손해가 된 것을 보시고 아실지라. 이 성읍이 훼파됨도 이 까닭이니이다. 이제 감히 왕에게 고하오니 이 성읍이 중건(重建)되어 성곽을 필역하면[마치면] 이로 말미암아 왕의 강 서편 영지가 없어지리이다 하였더라.

그들은 이 고소장에서 여러 번 유다 백성이 성읍과 그 성곽을 건축하고 있다고 표현하였는데, 그것은 부분적으로 사실이었을지 몰라도, 문맥적으로 볼 때 지어낸 내용이라고 보인다. 유다 백성은 아직 성읍이나 성곽을 지을 엄두를 내지 못하고 시작한 성전 건축 조차도 진행하지 못하고 있었다고 보인다.

〔17-22절〕 왕이 방백 르훔과 서기관 심새와 사마리아에 거한 저희 동료와 강 서편 다른 땅 백성에게 조서를 내리니 일렀으되 너희는 평안할지어다. 너희의 올린 글을 내 앞에서 낭독시키고 명하여 살펴보니 과연 이 성읍이 예로부터 열왕을 거역하며 그 중에서 항상 패역하고 모반하는 일을 행하였으며 옛적에는 예루살렘을 주재하는 큰 군왕이 있어서 강 서편 모든 땅도

주재하매 조공과 잡세와 부세를 저에게 다 바쳤도다. 이제 너희는 명을 전하여 그 사람들로 역사를 그치게 하여 그 성을 건축지 못하게 하고 내가 다시 조서 내리기를 기다리라. 너희는 삼가서 이 일에 게으르지 말라. 어찌하여 화를 더하여 왕들에게 손해가 되게 하랴 하였더라.

하나님께서는 때때로 자기 백성에게 고난을 주신다. 그것이 어떤 이유로 왔던지 간에 그들의 선한 일들은 항상 형통한 것은 아니었다. 스룹바벨과 예수아가 시작한 성전 건축의 공사는 선한 일이었음에도 불구하고 파사 왕의 지시로 중단되었고 좌절되었다.

〔23-24절〕 아닥사스다 왕의 조서 초본이 르훔과 서기관 심새와 그 동료 앞에서 낭독되매 저희가 예루살렘으로 급히 가서 유다 사람들을 보고 권력으로 억제하여 그 역사를 그치게 하니 이에(베다인 בֵּאדַיִן)[그래서] 예루살렘에서 하나님의 전 역사가 그쳐서 바사 왕 다리오 제2년까지 이르니라.

스룹바벨에 의해 시작된 예루살렘 성전 건축 공사는 방해를 받아 약 14-15년간 지연되었고 그 대부분은 완전히 중단되었다.

본장의 교훈을 정리해보자. 첫째로, 총독 스룹바벨과 대제사장 예수아와 족장들은 혼합주의자들과 함께 성전을 짓기를 원치 않았다. 하나님의 성전은 믿는 자들에 의해 건축되어야 하고 혼합주의자들과 함께 건축되어서는 안 된다. 오늘날도 참된 교회 건립은 순결한 믿음을 가진 자들에 의해 이루어져야 하고, 배교자나 타협자들과 함께 행해져서는 안 된다. 하나님의 일은 하나님의 방법으로 바르게 이루어져야 한다.

둘째로, 대적자들은 처음에 자기들이 함께 성전을 짓겠다고 요청했으나 거절되자 성전 건축을 방해하기 시작했고 집요하게 그렇게 했다. 그것은 마귀의 방해이었다. 하나님의 일을 하려 할 때 마귀의 시험과 방해와 핍박이 있다. 우리의 싸움은 단순히 사람들과의 싸움이 아니고 공중에 있는 사탄과 악령들과의 싸움이다(엡 6:12). 그러므로 우리는 이 싸움에서 낙심하거나 피곤하지 말고 잘 분별하고 대처해야 하고, 고난과 핍박을 각오하고 하나님의 일을 바르게 행해야 한다(딤후 4:5).

5장: 성전 건축을 다시 계속함

〔1-5절〕 선지자들 곧 선지자 학개와 잇도의 손자 스가랴가 이스라엘 하나님의 이름을 받들어 유다와 예루살렘에 거하는 유다 사람들에게 예언하였더니 이에 스알디엘의 아들 스룹바벨과 요사닥의 아들 예수아가 일어나 예루살렘 하나님의 전 건축하기를 시작하매 하나님의 선지자들이 함께하여 돕더니 그때에 강 서편 총독 닷드내와 스달보스내와 그 동료가 다 나아와 저희에게 이르되 누가 너희를 명하여 이 전을 건축하고 이 성곽(웃솨르나 אֻשַּׁרְנָא)[벽(Syr, Vg, KJV, BDB), 구조물(KB, NASB, NIV)]을 마치게 하였느냐 하기로 우리가 이 건축하는 자의 이름을 고하였으나 하나님이 유다 장로들을 돌아보셨으므로 저희가 능히 역사를 폐하게 못하고 이 일을 다리오에게 고하고 그 답조(答詔)[답하는 조서]가 오기를 기다렸더라.

바벨론에서 돌아온 유다 백성이 성전 건축을 시작했으나 대적자들 때문에 지연된 지 약 14-15년이 흘렀다. 성전 건축의 일은 불가능한 일처럼 생각되었을지도 모른다. 지도자들도 백성들도 그 일을 위해 힘을 내지 못하고 있었던 것 같다. 그러나 하나님의 정하신 때가 있었다. 하나님의 일은 하나님의 정하신 때에 이루어졌다.

하나님께서는 낙망한 유다 백성들을 위해 선지자들을 보내주셨다. 중단되었던 하나님의 일은 하나님께서 선지자들을 보내주심으로써 즉 그들의 말씀 사역으로 다시 시작되었다. 선지자 학개와 스가랴는 하나님의 말씀을 유다와 예루살렘에 거하는 사람들에게 전하며 그들이 하나님의 성전 짓는 일을 다시 시작할 것을 권면하고 격려하였다.

하나님의 말씀의 사역은 사람들의 마음을 감동시켰다. 하나님께서는 유다의 지도자들, 특히 유다 총독 스룹바벨과 대제사장 예수아를 감동시키셨고 그들을 사용하셨다. 유다 백성들은 일어나 예루살렘 하나님의 전 건축하기를 다시 시작했고 선지자들은 그들과 함께했다.

그러나 그때 마귀의 시험되는 일도 있었다. 강 서편 총독 닷드내와 스달보스내와 그 동료가 다 나아와 그들에게 "누가 너희를 명하여 이 전을 건축하고 이 구조물을 마치게 하였느냐?"고 말하였다. 그것은 인간적인 두려움과 위협이 되는 일이었다. 그들은 유다 지도자들과 백성을 두렵게 했다. 그것은 다시 시작된 성전 건축의 일을 또 다시 중단하게 만들 수 있었다. 그것은 확실히 마귀의 시험과 방해이었다.

그러나 하나님께서 그들을 도우셨다. 유다 지도자들과 백성들은 그들에게 건축하는 자들의 이름을 고하였으나, 하나님께서 유다 장로들을 돌아보셨으므로 그들은 능히 일을 폐하게 못하고 이 일을 다리오에게 고하고 그 답하는 조서가 오기를 기다렸다. 하나님께서 함께 하시므로 세상 사람들의 위협적인 간섭도 하나님의 전 건축 공사를 방해하지 못하였다. 하나님의 일은 하나님께서 친히 이루신다. 그러므로 성도들은 마귀의 시험과 위협을 겁낼 것이 없다.

〔6-17절〕 강 서편 총독 닷드내와 스달보스내와 그 동료 강 서편 아바삭 사람이 다리오 왕에게 올린 글의 초본이 이러하니라. 그 글에 일렀으되 다리오 왕은 만안(萬安)하옵소서. 왕께 아시게 하나이다. 우리가 유다 도(道)에 가서 지극히 크신 하나님의 전에 나아가 보온즉 전을 큰돌로 세우며 벽에 나무를 얹고 부지런히 하므로 역사가 그 손에서 형통하옵기로 우리가 그 장로들에게 물어 보기를 누가 너희를 명하여 이 전을 건축하고 이 성곽[구조물]을 마치게 하였느냐 하고 우리가 또 그 두목의 이름을 적어 왕에게 고하고자 하여 그 이름을 물은즉 저희가 우리에게 대답하여 이르기를 우리는 천지의 하나님의 종이라. 오랜 옛적에 건축되었던 전을 우리가 다시 건축하노라. 이는 본래 이스라엘의 큰 왕이 완전히 건축한 것이더니 우리 열소가 하늘에 계신 하나님을 격노케 하였으므로 하나님이 저희를 갈대아 사람 바벨론 왕 느부갓네살의 손에 붙이시매 저가 이 전을 헐며 이 백성을 사로잡아 바벨론으로 옮겼더니 바벨론 왕 고레스 원년에 고레스 왕이 조서를 내려 하나님의 이 전을 건축하게 하고 또 느부갓네살의 예루살렘 하나님의 전 속에서 금, 은 기명[그릇]을 옮겨다가 바벨론 신당에 두었던 것을 고레스 왕이 그 신당에서 취하여 그 세운 총독 세스바살이라 이름한 자에게 내어주고 일러 가로되 너는 이 기명들을 가지고 가서 예루살렘 전에 두고 하나님의 전

을 그 본처에 건축하라 하매 이에 이 세스바살이 이르러 예루살렘 하나님의 전 지대[기초]를 놓았고 그때로부터 지금까지 건축하여 오나 오히려 필역하지 못하였다 하였사오니 이제 왕이 선히 여기시거든 바벨론에서 왕의 국고에 조사하사 과연 고레스 왕이 조서를 내려 하나님의 이 전을 예루살렘에 건축하라 하셨는지 보시고 왕은 이 일에 대하여 왕의 기쁘신 뜻을 우리에게 보이소서 하였더라.

본장의 교훈을 정리해보자. 첫째로, 하나님께서는 참된 선지자 학개와 스가랴를 보내주셨고 그의 백성에게 말씀을 주셨고 그 중단되었던 성전 건축의 일을 다시 시작케 하셨다. 하나님께서는 그의 선한 일을 선지자들의 말씀 사역을 통해 이루셨다. 오늘날에도 하나님께서는 그의 선한 일들을 말씀 사역을 통해 이루신다. 사도 바울은 에베소에서의 전도 사역에서 그에게 광대하고 효력 있는 문이 열렸다고 말하였다. 그것은 확실히 효력 있는 말씀 사역의 문이었다(고전 16:9). 그는 에베소 교인들에게도 "나를 위하여 구할 것은 내게 말씀을 주사 나로 입을 벌려 복음의 비밀을 담대히 알리게 하옵소서 할 것이라"고 말하였다(엡 6:19). 우리는 목사들의 능력 있는 말씀 사역을 위해 기도해야 한다.

둘째로, 총독 스룹바벨과 대제사장 예수아와 족장들은 선지자들이 전하는 하나님의 권면과 격려에 응답하였다. 하나님께서는 바벨론에서 돌아온 유다 백성에게 하나님의 말씀에 응답하는 지도자들을 주셨다. 오늘날에도 교회에서 장로들과 권사들과 집사들이 먼저 하나님의 말씀의 은혜를 받고 헌신하고 충성해야 한다. 우리는 교회의 중요한 직분자들이 먼저 말씀의 은혜를 받기를 위해 하나님께 기도해야 한다.

셋째로, 강 서편 총독 닷드내와 스달보스내와 그 동료들은 유다인들의 성전 건축의 일을 방해하려 했다. 하나님의 일에는 마귀와 악령들의 시험과 방해가 있지만, 우리는 그런 시험과 방해를 겁내지 말고 담대히 진행해야 한다. 우리는 살아계신 하나님의 섭리를 믿고 그의 도우심과 인도하심을 믿고 하나님의 선한 일에 담대히 참여하고 행해야 한다.

6장: 성전 건축을 마침

〔1-5절〕 이에 다리오 왕이 조서를 내려 서적 곳간 곧 바벨론에서 보물을 쌓아둔 곳에서 조사하게 하였더니 메대도(道) 악메다궁에서 한 두루마리를 얻으니 거기 기록하였으되 고레스 왕 원년에 조서를 내려 이르기를 예루살렘 하나님의 전(殿)에 대하여 이르노니 이 전(殿) 곧 제사 드리는 처소를 건축하되 지대를 견고히 쌓고 그 전의 고는 60규빗[약 27미터]으로, 광도 60규빗[약 27미터]으로 하고 큰 돌 세 켜[줄]에 새 나무 한 켜를 놓으라. 그 경비는 다 왕실에서 내리라[내게 하라]. 또 느부갓네살이 예루살렘 전에서 취하여 바벨론으로 옮겼던 하나님의 전 금, 은 기명[그릇]을 돌려보내어 예루살렘 전에 가져다가 하나님의 전 안 각기 본처에 둘지니라 하였더라.

다리오 왕은 서적 창고를 조사케 하여 메대도(道) 악메다궁에서 한 두루마리를 얻어 그 내용을 확인하였다. 하나님의 은혜이었다.

〔6-12절〕 [그러므로] 이제 강 서편 총독 닷드내와 스달보스내와 너희 동료 강 서편 아바삭 사람들은 그곳을 멀리하여 하나님의 전 역사를 막지 말고 유다 총독과 장로들로 하나님의 이 전을 본처에 건축하게 하라. 내가 또 조서를 내려서 하나님의 이 전을 건축함에 대하여 너희가 유다 사람의 장로들에게 행할 것을 알게 하노니 왕의 재산 곧 강 서편 세금 중에서 그 경비를 이 사람들에게 신속히 주어 저희로 지체치 않게 하라. 또 그 수용물 곧 하늘의 하나님께 드릴 번제의 수송아지와 숫양과 어린양과 또 밀과 소금과 포도주와 기름을 예루살렘 제사장[제사장들]의 소청대로 영락없이 날마다 주어 저희로 하늘의 하나님께 향기로운(니코킨 נִיחוֹחִין)[유화(속죄)의] 제물을 드려 왕과 왕자들의 생명을 위하여 기도하게 하라. 내가 또 조서를 내리노니 무론 누구든지 이 명령을 변개(變改)[변경]하면 그 집에서 들보를 빼어내고 저를 그 위에 매어달게 하고 그 집은 이로 인하여 거름더미가 되게 하라. 만일 열왕이나 백성이 이 조서를 변개(變改)[변경]하고 손을 들어 예루살렘 하나님의 전을 헐진대 그곳에 이름을 두신 하나님이 저희를 멸하시기를 원하노라. 나 다리오가 조서를 내렸노니 신속히 행할지어다 하였더라.

고레스 왕의 조서를 확인한 다리오 왕은 몇 가지 내용을 가진 회신 조서를 내렸다. 첫째, 강 서편 총독과 관리들은 예루살렘을 멀리하고 성전 공사를 막지 말라. 둘째, 강 서편 총독과 관리들은 성전 건축의 비용을 강 서편 세금 중에서 신속히 주라. 셋째, 강 서편 총독과 관리들은 그들이 필요로 하는 제물들을 날마다 주라. 즉 하나님께 드릴 번제의 수송아지와 숫양과 어린양과 또 밀과 소금과 포도주와 기름을 예루살렘 제사장들의 요청대로 빠짐없이 날마다 주라. 넷째, 왕의 조서를 어기는 자는 엄히 처벌하라. "무론 누구든지 이 명령을 변경하면 그 집에서 들보를 빼어내고, 저를 그 위에 매어 달게 하고, 그 집은 이로 인하여 거름더미가 되게 하라." 또, 왕은 이 조서를 변경하거나 손을 들어 예루살렘 하나님의 전을 허무는 왕들이나 백성들은 하나님께서 멸하시리라는 하나님의 저주를 선포하였다. 그 조서는 "나 다리오가 조서를 내렸노니 신속히 행할지어다"라는 말로 그쳤다.

〔13-15절〕다리오 왕의 조서가 내리매 강 서편 총독 닷드내와 스달보스내와 그 동료들이 신속히 준행한지라. 유다 사람의 장로들이 선지자 학개와 잇도의 손자 스가랴의 권면함으로 인하여 전 건축할 일이 형통한지라. 이스라엘 하나님의 명령과 바사 왕 고레스와 다리오와 아닥사스다의 조서를 좇아 전을 건축하며 필역하되 다리오 왕 6년 아달월 3일에 전을 필역하니라.

다리오 왕의 조서가 내리자 강 서편 총독 닷드내와 스달보스내와 그 동료들은 신속히 준행했다. 유다 사람의 장로들이 선지자 학개와 스가랴의 권면함으로 인해 성전 건축하는 일이 형통하였다. 그들은 이스라엘 하나님의 명령과 바사 왕 고레스와 다리오와 아닥사스다[3] 의 조서를 좇아 성전을 건축하며 마쳤다. 다리오 왕 6년, 즉 주전 517년경 아달월[12월] 3일에 전을 마쳤다. 성전 공사가 다시 시작된 것이 다리오 2년이었으므로(스 4:24) 약 4년이 걸린 셈이다. 예루살렘 성전은 기초를 놓은 지 약 19년만에, 그리고 14-15년간 방해, 지연, 중단

---

3) 이 왕은 느헤미야 때의 아닥사스다(롱지마누스)가 아니고 다리오의 아들 크셀크세스를 가리킨 듯하다. 그도 아닥사스다라고 불리웠다고 한다.

되었다가 공사를 다시 시작한 지 약 4년만에 완공되었다.

〔16-18절〕 이스라엘 자손과 제사장들과 레위 사람들과 기타 사로잡혔던 자의 자손이 즐거이 하나님의 전 봉헌식을 행하니 하나님의 전 봉헌식을 행할 때에 수소 1백과 숫양 2백과 어린양 4백을 드리고 또 이스라엘 지파의 수를 따라 숫염소 열둘로 이스라엘 전체를 위하여 속죄제를 드리고 제사장을 그 분반대로, 레위 사람을 그 반차대로 세워 예루살렘에서 하나님을 섬기게 하되 모세의 책에 기록된 대로 하게 하니라.

유다 백성들은 즐거이 하나님의 전 봉헌식을 행했다. 그들은 모세의 책에 기록된 대로 번제와 속죄제를 드렸다.

〔19-22절〕 사로잡혔던 자의 자손이 정월 14일에 유월절을 지키되 제사장들과 레위 사람들이 일제히 몸을 정결케 하여 다 정결하매 사로잡혔던 자의 모든 자손과 자기 형제 제사장들과 자기를 위하여 유월절 양을 잡으니 사로잡혔다가 돌아온 이스라엘 자손과 무릇 스스로 구별하여 자기 땅 이방 사람의 더러운 것을 버리고 이스라엘 무리에게 속하여 이스라엘 하나님 여호와를 구하는 자가 다 먹고 즐거우므로 7일 동안 무교절을 지켰으니 이는 여호와께서 저희로 즐겁게 하시고 또 앗수르 왕의 마음을 저희에게로 돌이켜 이스라엘의 하나님이신 하나님의 전 역사하는 손을 힘있게 하도록 하셨음이었느니라.

사로잡혔던 자의 자손들은 정월 14일에 유월절을 지켰고 또한 7일 동안 무교절을 지켰다. 그것은 여호와께서 그들로 즐겁게 하셨고 또 앗수르 왕(지역적으로 앗수르 땅을 통치하는 왕, 비록 정치적으로는 파사 왕이지만)의 마음을 그들에게로 돌이켜 이스라엘의 하나님이신 하나님의 전 역사하는 손을 힘있게 하도록 하셨기 때문이었다.

에스라서는 고레스도 바벨론 왕이라고 부르고(스 5:13) 다리오 왕을 앗수르 왕이라고 부른다(본문 22절). 앗수르, 바벨론, 파사는 나라만 바뀌었지 지역은 비슷하므로 그 말들이 구별 없이 사용되었다.

이스라엘 백성이 성전 공사를 잘 마치게 된 것은 하나님의 전적인 은혜이었다. 성전 공사의 위협 요소가 오히려 성전 공사를 이루는 데

도움이 되었다. 특히 하나님께서는 선지자 학개와 스가랴를 보내주셔서 이스라엘 백성을 교훈하시고 격려하셨고 또 이스라엘 백성을 감동하셔서 선지자들의 말씀을 받게 하셨고 믿고 순종하게 하셨다. 이스라엘 백성은 하나님의 성전 공사를 잘 마쳤고 봉헌식을 올렸고 또 기쁨과 즐거움으로 유월절과 무교절도 지켰다.

본장의 교훈을 정리해보자. 첫째로, 하나님의 전 건축의 일은 하나님의 은혜로 형통케 이루어졌다. 하나님께서 은혜 주시면 무슨 일이든지 가능하지만, 하나님께서 은혜 주지 않으시면 어떤 일도 이룰 수 없다. 스가랴 4:6, "여호와께서 스룹바벨에게 하신 말씀이 이러하니라. 만군의 여호와께서 말씀하시되 이는 힘으로 되지 아니하며 능으로 되지 아니하고 오직 나의 신으로 되느니라." 주께서는 베드로에게 "내가 이 반석 위에 내 교회를 세우리라"고 말씀하셨다(마 16:18). 고린도전서 3:6-7, "나는 심었고 아볼로는 물을 주었으되 오직 하나님은 자라나게 하셨나니 그런즉 심는 이나 물주는 이는 아무것도 아니로되 오직 자라나게 하시는 하나님뿐이니라." 우리는 오직 하나님의 은혜를 구해야 한다.

둘째로, 하나님께서는 선지자 학개와 스가랴를 보내주셨고 스룹바벨과 유다 백성에게 바른 말씀을 주셨다. 선지자들은 그들에게 하나님의 뜻을 전하였고 그들을 위로 격려했다. 그들을 통해 주신 하나님의 말씀은 그들에게 큰 힘이 되었고 그들로 하여금 하나님의 일을 힘있게 수행하게 하였다. 우리는 오늘날에도 하나님의 말씀을 사모해야 한다.

셋째로, 스룹바벨과 예수아와 유다 백성은 선지자 학개와 스가랴가 전한 하나님의 말씀을 믿고 순종하여 성전 건축의 일을 다시 시작했었고 어려운 일이 또 있었으나 하나님께서는 파사 왕의 마음을 지도해주셨고 성전 건축의 일이 형통케 되었다(14, 22절). 하나님께서는 모든 일이 합력하여 선을 이루게 섭리하신다(롬 8:28). 우리는 성경말씀을 순종하고 의와 선을 행하며 오직 섭리자 하나님만 굳게 믿어야 한다.

7장: 에스라가 옴

〔1-10절〕이 일 후 바사 왕 아닥사스다가 위에 있을 때에 에스라라 하는 자가 있으니라. 저는 스라야의 아들이요 아사랴의 손자요 힐기야의 증손이요 살룸의 현손이요 사독의 5대손이요 아히둡의 6대손이요 아마랴의 7대손이요 아사랴의 8대손이요 므라욧의 9대손이요 스라히야의 10대손이요 웃시엘의 11대손이요 북기의 12대손이요 아비수아의 13대손이요 비느하스의 14대손이요 엘르아살의 15대손이요 대제사장 아론의 16대손이라. 이 에스라가 바벨론에서 올라왔으니 저는 이스라엘 하나님 여호와께서 주신 바 모세의 율법에 익숙한(마히르 מָהִיר)[정통한] 학사(소페르 סֹפֵר)[서기관, 율법학자]로서 그 하나님 여호와의 도우심을 입으므로 왕에게 구하는 것은 다 받는 자더니 아닥사스다 왕 7년에 이스라엘 자손과 제사장들과 레위 사람들과 노래하는 자들과 문지기들과 느디님 사람들 중에 몇 사람이 예루살렘으로 올라올 때에 이 에스라가 올라왔으니 왕의 7년 5월이라. 정월 초하루에 바벨론에서 길을 떠났고 하나님의 선한 손의 도우심을 입어 5월 초하루에 예루살렘에 이르니라. 에스라가 여호와의 율법을 연구하여 준행하며 율례와 규례[규례와 법도]를 이스라엘에게 가르치기로 결심하였었더라.

주전 517년경 성전을 재건한 후부터 바사 왕 아닥사스다가 위(位)에 있을 때까지는 상당한 시간이 지난 때이었다. 대제사장 아론의 16대손 에스라가 바벨론으로부터 유다 땅으로 올라왔다. 그는 이스라엘 하나님 여호와께서 주신 모세의 율법에 정통한 학자이며 여호와 하나님의 도우심을 입으므로 왕에게 구하는 것은 다 받는 자이었나.

아닥사스다 왕 7년, 곧 주전 약 457년에 에스라는 이스라엘 자손과 제사장들과 레위 사람들과 노래하는 자들과 문지기들과 느디님 사람들 중에 몇 사람과 함께 예루살렘에 올라왔다. 그것은 성전이 재건된 지 약 60년 후의 일이었다. 에스라는 정월 초하루에 바벨론에서 길을 떠났고 하나님의 선한 손의 도우심으로 5월 초하루 예루살렘에 이르렀다. 약 4개월간의 긴 여정이었다. 에스라는 여호와의 율법을 연구하여 준행하며 규례와 법도를 이스라엘에게 가르치기로 결심했었다.

〔11-26절〕 여호와의 계명의 말씀과 이스라엘에게 주신 율례의 학사인 학사겸 제사장 에스라에게 아닥사스다 왕이 내린 조서 초본은 아래와 같으니라. 모든 왕의 왕 아닥사스다는 하늘의 하나님의 율법에 (완전한) 학사겸 제사장 에스라에게 조서하노니[완전한 평안이 있기를 원하노라](KJV, NASB) 우리나라에 있는 이스라엘 백성과 저희 제사장들과 레위 사람들 중에 예루살렘으로 올라갈 뜻이 있는 자는 누구든지 너와 함께 갈지어다. 너는 네 손에 있는 네 하나님의 율법을 좇아 유다와 예루살렘의 정형을 살피기 위하여 왕과 일곱 모사의 보냄을 받았으니 왕과 모사들이 예루살렘에 거하신 이스라엘 하나님께 성심으로 드리는 은금을 가져가고 또 네가 바벨론 온 도에서 얻을 모든 은금과 및 백성과 제사장들이 예루살렘 그 하나님의 전을 위하여 즐거이 드릴 예물을 가져다가 그 돈으로 수송아지와 숫양과 어린양과 그 소제와 그 전제의 물품을 신속히 사서 예루살렘 네 하나님의 전 단 위에 드리고 그 나머지 은금은 너와 너의 형제가 선히 여기는 일에 너희 하나님의 뜻을 좇아 쓸지며 네 하나님의 전에서 섬기는 일을 위하여 네게 준 기명은 예루살렘 하나님 앞에 드리고 그 외에도 네 하나님의 전에 쓰일 것이 있어서 네가 드리고자 하거든 무엇이든지 왕의 내탕고에서 취하여 드릴지니라. 나 곧 나 아닥사스다 왕이 강 서편 모든 고지기에게 조서를 내려 이르기를 하늘의 하나님의 율법의 학사겸 제사장 에스라가 무릇 너희에게 구하는 것은 신속히 시행하되 은은 1백 달란트까지, 밀은 1백 고르까지, 포도주는 1백 밧까지, 기름도 1백 밧까지 하고 소금은 정수 없이 하라. 무릇 하늘의 하나님의 전을 위하여 하늘의 하나님의 명하신 것은 삼가 행하라. 어찌하여 진노가 왕과 왕자의 나라에 임하게 하랴. 내가 너희에게 이르노니 제사장들이나 레위 사람들이나 노래하는 자들이나 문지기들이나 느디님 사람들이나 혹 하나님의 전에서 일하는 자들에게 조공과 잡세와 부세를 받는 것이 불가하니라 하였노라. 에스라여, 너는 네 손에 있는 네 하나님의 지혜를 따라 네 하나님의 율법을 아는 자로 유사와 재판관을 삼아 강 서편 모든 백성을 재판하게 하고 그 알지 못하는 자는 너희가 가르치라. 무릇 네 하나님의 명령과 왕의 명령을 준행치 아니하는 자는 속히 그 죄를 정하여 혹 죽이거나 정배[유배]하거나 가산을 적몰[몰수]하거나 옥에 가둘지니라 하였더라.

아닥사스다 왕이 에스라에게 내린 아람어 조서 사본이 7:12-26에 기록되어 있다. 그 내용은, 첫째, 예루살렘으로 올라갈 뜻이 있는 자는 누구든지 너와 함께 가라, 둘째, 왕과 일곱 모사들과 백성이 드리는 은금으로 제물을 사서 하나님께 드리고, 또 그 외에도 필요한 것들을 왕의 창고에서 취해 은은 100달란트(약 3.3톤)까지, 밀은 100고르(약 22킬로리터)까지, 포도주는 100밧(약 2.2킬로리터)까지, 기름도 100밧까지 하고 소금은 정수 없이 하라, 셋째, 하나님의 명하신 모든 일을 행하라, 넷째, 성전 봉사자들에게 세금을 면제하라, 다섯째, 율법을 아는 자들로 관리와 재판관을 삼으라는 것이었다.

〔27-28절〕 우리 열조의 하나님 여호와를 송축할지로다. 그가 왕의 마음에 예루살렘 여호와의 전을 아름답게 할 뜻을 두시고 또 나로 왕과 그 모사들의 앞과 왕의 권세 있는 모든 방백의 앞에서 은혜를 얻게 하셨도다. 나의 하나님 여호와의 손이 나의 위에 있으므로 내가 힘을 얻어 이스라엘 중에 두목을 모아 나와 함께 올라오게 하였노라.

에스라는 하나님의 은혜를 깨닫고 인정하고 감사하며 찬송하였다.

본장의 교훈을 정리해보자. 첫째로, 에스라는 성경에 정통한 자이었고 성경을 읽고 연구하고 묵상하고 실천하기를 힘썼다. 우리는 에스라의 경건을 본받아야 한다. 성경을 주야로 묵상하는 자가 복되다. 시편 1:1-2, "복 있는 사람은 [악을 떠나고] 여호와의 율법을 즐거워하여 그 율법을 주야로 묵상하는 지로다." 우리는 성경을 규칙적으로 읽고 연구하고 실천하고 우리의 자녀들과 가족들에게 가르치기를 결심해야 한다.

둘째로, 에스라는 하나님의 도우심을 입은 자이었다(6, 9, 28절). 우리는 복잡한 세상에서 하나님의 도우심 받기를 사모하며 체험하기를 원한다. 성경말씀을 가까이하는 자는 그러할 것이다. 시편 1:3, "저는 시냇가에 심은 나무가 시절을 좇아 과실을 맺으며 그 잎사귀가 마르지 아니함 같으니 그 행사가 다 형통하리로다." 시편 119:165, "주의 법을 사랑하는 자에게는 큰 평안이 있으니 저희에게 장애물이 없으리이다."

8장: 에스라와 함께 돌아온 자들

〔1-14절〕 아닥사스다 왕이 위(位)에 있을 때에 나와 함께 바벨론에서 올라온 족장들과 그들의 보계가 이러하니라. 비느하스 자손 중에서는 게르솜이요, 이다말 자손 중에서는 다니엘이요, 다윗 자손 중에서는 핫두스요, 스가냐 자손 곧 바로스 자손 중에서는 스가랴니 그와 함께 족보에 기록된 남자가 150명이요, 바핫모압 자손 중에서는 스라히야의 아들 엘여호에내니 그와 함께한 남자가 200명이요, 스가냐 자손 중에서는 야하시엘의 아들이니 그와 함께한 남자가 300명이요, 아딘 자손 중에서는 요나단의 아들 에벳이니 그와 함께한 남자가 50명이요, 엘람 자손 중에서는 아달리야의 아들 여사야니 그와 함께한 남자가 70명이요, 스바댜 자손 중에서는 미가엘의 아들 스바댜니 그와 함께한 남자가 80명이요, 요압 자손 중에서는 여히엘의 아들 오바댜니 그와 함께한 남자가 218명이요, 슬로밋 자손 중에서는 요시뱌의 아들이니 그와 함께한 남자가 160명이요, 베배 자손 중에서는 베배의 아들 스가랴니 그와 함께한 남자가 28명이요, 아스갓 자손 중에서는 학가단의 아들 요하난이니 그와 함께한 남자가 110명이요, 아도니감 자손 중에 나중된 자의 이름은 엘리벨렛과 여우엘과 스마야니 그[그들]와 함께한 남자가 60명이요, 비그왜 자손 중에서는 우대와 사붓이니 그[그들]와 함께한 남자가 70명이었느니라.

본장과 전장에는 '나로' '나의' '내가' '나와' 등의 말이 여러 번 나온다(7:28(5번); 8:1, 15, 21, 24, 26, 28). 그것은 본서가 에스라의 저작임을 보인다. 아닥사스다 왕 때에 처음에 에스라와 함께 바벨론에서 올라오려고 결심한 사람들은 각 자손들 별로 1,514명이었던 것 같다.

〔15-20절〕 내가 무리를 아하와로 흐르는 강가에 모으고 거기서 3일 동안 장막에 유하며 백성과 제사장들을 살핀즉 그 중에 레위 자손이 하나도 없는지라. 이에 모든 족장 곧 엘리에셀과 아리엘과 스마야와 엘라단과 야립과 엘라단과 나단과 스가랴와 므술람을 부르고 또 명철한 사람 요야립과 엘라단을 불러 가시뱌 지방으로 보내어 그곳 족장 잇도에게 나아가게 하고 잇도와 그 형제 곧 가시뱌 지방에 거한 느디님 사람들에게 할 말을 일러주고

우리 하나님의 전을 위하여 수종들 자를 데리고 오라 하였더니 우리 하나님의 선한 손의 도우심을 입고 저희가 이스라엘의 손자 레위의 아들 말리의 자손 중에서 한 명철한 사람을 데려오고 또 세레뱌와 그 아들들과 형제 18명과 하사뱌와 므라리 자손 중 여사야와 그 형제와 저의 아들들 20명을 데려오고 또 느디님 사람 곧 다윗과 방백들이 주어 레위 사람에게 수종들게 한 그 느디님 사람 중 220명을 데려왔으니 그 이름이 다 기록되었느니라.

에스라는 사람들을 아하와로 흐르는 강가에 모으고 거기에서 3일 동안 장막에 유하며 백성과 제사장들을 살피니 그 중에 레위 자손이 하나도 없었다. 에스라는 하나님의 전을 위하여 필요한 봉사자들을 얻기를 소원하였고 하나님의 선한 손의 도우심을 입어 레위 자손들과 그들을 수종들 느디님 사람들을 얻었다. 추가된 사람들은 모두 262명인 것 같다(MT, KJV의 읽기대로; 24절 비교). 그러면, 에스라와 함께 돌아온 자들의 총수는 1,777명이었던 것 같다.

〔21-23절〕 때에 내가 아하와 강가에서 금식을 선포하고 우리 하나님 앞에서 스스로 겸비하여 우리와 우리 어린것과 모든 소유를 위하여 평탄한 길을 그에게 간구하였으니 이는 우리가 전에 왕에게 고하기를 우리 하나님의 손은 자기를 찾는 모든 자에게 선을 베푸시고 자기를 배반하는 모든 자에게는 권능과 진노를 베푸신다 하였으므로 길에서 적군을 막고 우리를 도울 보병과 마병을 왕에게 구하기를 부끄러워하였음이라. 그러므로 우리가 이를 위하여 금식하며 우리 하나님께 간구하였더니 그 응낙하심을 입었느니라.

에스라는 안전한 여정을 위해 그들을 도울 보병과 마병을 왕에게 구하기를 부끄러워하여 아하와 강가에서 금식을 선포하고 하나님 앞에서 금식하며 겸손히 그들과 그들의 어린것들과 모든 소유를 위하여 평탄한 길을 간구했다. 그것은 믿음의 행위이었다. 그들은 그 믿음의 행위로 하나님의 응답하심을 얻었고 그의 도우심을 체험하였다.

〔24-30절〕 그때에 내가 제사장의 두목 중 12인 곧 세레뱌와 하사뱌와 그 형제 10인을 따로 세우고 저희에게 왕과 모사들과 방백들과 또 그곳에 있는 이스라엘 무리가 우리 하나님의 전을 위하여 드린 은과 금과 기명〔그

릇]들을 달아서 주었으니 내가 달아서 저희 손에 준 것은 은이 650달란트[약 19.5톤]요 은기명[은그릇]이 1백 달란트[약 3톤]요 금이 1백 달란트며 또 금잔이 20개라. 중수는 1천 다릭[약 8.5킬로그램]이요 또 아름답고 빛나 금같이 보배로운 놋[청동]그릇이 두 개라. 내가 저희에게 이르되 너희는 여호와께 거룩한 자요 이 기명[그릇]들도 거룩하고 그 은과 금은 너희 열조의 하나님 여호와께 즐거이 드린 예물이니 너희는 예루살렘 여호와의 전 골방에 이르러 제사장의 두목들과 레위 사람의 두목들과 이스라엘 족장 앞에서 이 기명[그릇]을 달기까지 삼가 지키라. 이에 제사장들과 레위 사람들이 은과 금과 기명을 예루살렘 우리 하나님의 전으로 가져가려 하여 그 중수대로 받으니라.

에스라는 제사장의 지도자들 중 12명을 따로 세우고 그들에게 왕과 모사들과 방백들과 또 그곳에 있는 이스라엘 사람들이 하나님의 전을 위하여 드린 은과 금과 그릇들을 달아서 주었다. 에스라는 그들에게 그것들에 대한 정확하고 깨끗한 보관과 운반을 명했다. 다릭은 금화(金貨)이며 1다릭은 130그레인(grains)(약 8.5그램)이다(NBD).

〔31-34절〕 정월 12일에 우리가 아하와 강을 떠나 예루살렘으로 갈새 우리 하나님의 손이 우리를 도우사 대적과 길에 매복한 자의 손에서 건지신지라. 이에 예루살렘에 이르러 거기서 3일을 유하고 제4일에 우리 하나님의 전에서 은과 금과 기명을 달아서 제사장 우리아의 아들 므레못의 손에 붙이니 비느하스의 아들 엘르아살과, 레위 사람 예수아의 아들 요사밧과 빈누이의 아들 노아댜가 함께 있어 모든 것을 다 계수하고 달아보고 그 중수를 당장에[그 시간에](KJV, NASB, NIV) 책에 기록하였느니라.

에스라와 그 무리들은 정월 12일에 아하와 강을 떠나 예루살렘으로 갔다. 그들이 바벨론을 떠난 것은 정월 1일이었고 5월 1일에 예루살렘에 도착하였다(스 7:9). 그러므로 그들은 바벨론에서 출발하여 오다가 아하와 강가에 3일간 머물렀고 거기서 레위 자손들을 보충하였고 정월 12일에 다시 출발한 것이었다. 하나님의 손은 그들을 도우셔서 대적들과 길에 매복한 자들의 손에서 그들을 건지셨다. 그래서 그들은 예루살렘에 도착했고 거기서 3일을 유했고 제4일에 하나님의 전에서 은과 금과 그릇들을 달아서 그 무게를 즉시 책에 기록했다. 그들은 은과 금과 그릇들에 대해 정확하고 깨끗하였다.

〔35-36절〕 사로잡혔던 자의 자손 곧 이방에서 돌아온 자들이 이스라엘 하나님께 번제를 드렸는데 이스라엘 전체를 위한 수송아지가 열둘이요 또 숫양이 아흔 여섯이요 어린양이 일흔일곱이요 또 속죄제의 숫염소가 열둘이니 모두 여호와께 드린 번제물이라. 무리가 또 왕의 조서를 왕의 관원과 강 서편 총독들에게 부치매 저희가 백성과 하나님의 전을 도왔느니라.

이방에서 돌아온 자들은 이스라엘 하나님께 번제를 드렸다. 또 그들이 왕의 조서를 왕의 관원과 강 서편 총독들에게 전달하자, 그들은 이스라엘 백성과 하나님의 전의 일들을 도왔다.

본장의 교훈을 정리해보자. 첫째로, 에스라는 하나님의 전을 위해 레위인들이 필요함을 인식하고 준비하였다. 오늘날에도 하나님의 일을 위해 많은 일꾼이 필요하다. 진리의 지식과 확신, 또 시대에 대한 분별력과 충성된 마음을 가진 헌신자가 하나님과 그의 교회를 위해 준비된 좋은 일꾼이다. 우리는 하나님의 일을 위해 마음과 정성을 써야 한다.

둘째로, 에스라는 금식을 선포하며 하나님의 선한 도우심을 간구하였다. 하나님께서는 자기를 찾는 모든 자에게 선을 베푸시는 하나님이시다. 금식은 자기를 낮추며 간절하게 기도하는 일이다. 어려운 문제의 해결은 하나님께 기도하는 것밖에 없다. 금식하며 기도했던 에스라와 유다 백성들은 하나님의 응답하심을 체험하였다. 오늘날도 기도하고 금식하는 종들과 성도들은 하나님의 선하신 도우심의 응답을 얻을 것이다. 우리는 어려운 일이 있을 때 하나님께 간절히 기도해야 한다.

셋째로, 에스라와 봉사자들은 금은이나 그릇들의 무게를 즉시 달아 기록하였다. 우리는 물질에 대해 정확하고 깨끗해야 한다. 특히 교회의 재정관리를 하는 봉사자들은 정확하고 깨끗해야 된다. 우리는 더러운 이익, 불의한 이익을 취하는 자가 되어서는 안 된다. 더러운 이익을 취하는 자는 자기와 자기 자녀들에게 복이 아니고 화가 될 것이다.

9장: 이방인들과 연혼한 죄를 발견함

〔1-2절〕이 일 후에 방백들이 내게 나아와 가로되 이스라엘 백성과 제사장들과 레위 사람들이 이 땅 백성과 떠나지 아니하고 가나안 사람과 헷 사람과 브리스 사람과 여부스 사람과 암몬 사람과 모압 사람과 애굽 사람과 아모리 사람의 가증한 일을 행하여[행했으니 이는] 그들의 딸을 취하여 아내와 며느리를 삼아 거룩한 자손으로 이방 족속과 서로 섞이게 하는데 방백들과 두목들이 이 죄에 더욱 으뜸이 되었다[되었음이라고] 하는지라.

앞장에 기록된 대로 에스라가 약 1,776명과 더불어 예루살렘으로 돌아와 가져온 금은 그릇들의 수효를 세고 그 무게를 달아 인계하고 하나님께 감사와 헌신의 번제를 드린 후, 방백들이 에스라에게 나아와 말하기를, 이스라엘 백성과 제사장들과 레위 사람들이 이 땅 백성과 떠나지 아니하고 이방인들의 가증한 일 즉 우상숭배를 행했다고 하였다. 그것은 이스라엘 백성이 이 땅 백성의 딸을 취하여 아내와 며느리를 삼아 거룩한 자손으로 이방 족속과 서로 섞이게 한 연혼에 기인하였다. 이 죄에 방백들과 지도자들이 더욱 으뜸이 되었다. 그것은 그들이 70년 전에 지었던 죄를 다시 반복한 것이었다.

〔3-9절〕내가 이 일을 듣고 속옷과 겉옷을 찢고 머리털과 수염을 뜯으며 기가 막혀 앉으니 이에 이스라엘 하나님의 말씀을 인하여 떠는 자가 이 사로잡혔던 자의 죄(마알 מַעַל)[불신실함](NASB, NIV)를 인하여 다 내게로 모여 오더라. 내가 저녁 제사 드릴 때까지 기가 막혀 앉았더니 저녁 제사를 드릴 때에 내가 근심 중에 일어나서 속옷과 겉옷을 찢은 대로 무릎을 꿇고 나의 하나님 여호와를 향하여 손을 들고 말하기를 나의 하나님이여, 내가 부끄러워 낯이 뜨뜻하여 감히 나의 하나님을 향하여 얼굴을 들지 못하오니 이는 우리 죄악이 많아 정수리에 넘치고 우리 허물이 커서 하늘에 미침이니이다. 우리의 열조 때로부터 오늘까지 우리 죄가 심하매 우리의 죄악으로 인하여 우리와 우리 왕들과 우리 제사장들을 열방 왕들의 손에 붙이사 칼에 죽으며 사로잡히며 노략을 당하며 얼굴을 부끄럽게 하심이 오늘날 같으니이다. 이

제 우리 하나님 여호와께서 우리에게 잠간 은혜를 베푸사 얼마를 남겨두어 피하게 하신 우리를 그 거룩한 처소에 박힌 못과 같게 하시고 우리 눈을 밝히사 우리로 종노릇하는 중에서 조금 소성(蘇醒)하게[다시 힘을 얻어] 하셨나이다. 우리가 비록 노예가 되었사오나 우리 하나님이 우리를 그 복역하는 중에 버리지 아니하시고 바사 열왕 앞에서 우리로 긍휼히 여김을 입고[우리에게 인자(仁慈, 케세드 חֶסֶד)를 베푸셔서] 소성(蘇醒)하여 우리 하나님의 전을 세우게 하시며 그 퇴락한 것을 수리하게 하시며 유다와 예루살렘에서 우리에게 울(가데르 גָּדֵר)[보호할 울타리]을 주셨나이다.

에스라는 이 일을 듣고 속옷과 겉옷을 찢고 머리털과 수염을 뜯으며 기가 막혀 앉았다. 하나님의 말씀을 인해 떠는 자들이 다 그에게로 모여들었다. 그들은 하나님의 은혜를 받은 자들이었다. 에스라는 저녁 제사 드릴 때까지 기가 막혀 앉아 있다가 저녁 제사를 드릴 때에 근심 중에 일어나서 속옷과 겉옷을 찢은 대로 무릎을 꿇고 여호와 하나님을 향하여 손을 들어 간절히 기도했다. 에스라는 부끄러워 낯이 뜨뜻하여 얼굴을 들 수 없다고 말하면서, 이스라엘 선조들이 심히 범죄함으로 그 나라가 하나님의 징벌을 받아 멸망하고 많은 사람들이 죽고 사로잡히고 노략을 당하고 수치를 당하였으나, 하나님께서 이스라엘에 대한 공의의 징벌 중에서도 인자를 베푸셔서 얼마 남겨두셨고 예루살렘으로 돌아오게 하셨고 하나님의 전을 재건하게 하셨다고 회고하였다. 9절 끝의 '울'이라는 말은 예루살렘 성벽이 아니고 단순히 '보호한 울타리'라는 뜻으로 성전을 가리켰다고 본다.

〔10-15절〕 우리 하나님이여, 이렇게 하신 후에도 우리가 주의 계명을 배반하였사오니 이제 무슨 말씀을 하오리이까? 전에 주께서 주의 종 선지자들로 명하여 이르시되 너희가 가서 얻으려 하는 땅은 더러운 땅이니 이는 이방 백성들이 더럽고 가증한 일을 행하여 이 가에서 저 가까지 그 더러움으로 채웠음이라. 그런즉 너희 여자들을 저희 아들들에게 주지 말고 저희 딸을 너희 아들을 위하여 데려오지 말며 그들을 위하여 평강과 형통을 영영히 구하지 말라. 그리하면 너희가 왕성하여 그 땅의 아름다운 것을 먹으며

그 땅을 **자손에게 유전하여 영원한 기업을 삼게 되리라 하셨나이다. 우리의 악한 행실과 큰 죄로 인하여 이 모든 일을 당하였사오나 우리 하나님이 우리 죄악보다 형벌을 경하게 하시고 이만큼 백성을 남겨 주셨사오니 우리가 어찌 다시 주의 계명을 거역하고 이 가증한 일을 행하는 족속들과 연혼하오리이까? 그리하오면 주께서 어찌 진노하사 우리를 멸하시고 남아 피할 자가 없도록 하시지 아니하시리이까? 이스라엘 하나님 여호와여, 주는 의로우도소이다. 우리가 남아 피한 것이 오늘날과 같사옵거늘 도리어 주께 범죄하였사오니 이로 인하여 주 앞에 한 사람도 감히 서지 못하겠나이다.**

바벨론 70년간의 긴 고난을 받은 후에도, 돌아온 이스라엘 백성은 다시 범죄하였다. 하나님께서는 그들에게 가나안 땅의 원주민들과의 결혼을 금하셨었다. 가나안 땅은 우상숭배와 음란으로 더러워진 땅이었다. 그러므로 이스라엘 백성은 자기들의 딸들을 그들의 아들들에게 주지 말고 자기들의 아들들을 위해 그들의 딸들을 데려오지도 말아야 했고 또 그들의 평안과 형통을 영영히 구하지 말아야 했다.

본장의 교훈을 정리해보자. 첫째로, <u>유다 백성은 바벨론 포로생활이라는 징벌의 긴 기간을 거친 후에도 그리고 하나님의 크신 은혜를 받아 고국으로 다시 돌아온 후에도 여전히 하나님의 계명을 어겼다.</u> 사람은 전적으로 부패되고 무능력한 존재이다. 그러므로 우리는 사람의 전적 부패성과 무능력을 깨닫고 우리의 구원의 시작도, 진행도, 완성도 오직 하나님의 은혜로 됨을 알고 하나님의 은혜만 구하고 의지해야 한다.

<u>둘째로, 유다 백성의 죄는 이방 족속들과 연혼하고 그들의 가증한 일을 행한 것이었다.</u> 그것은 교제에 대한 하나님의 명령을 어긴 것이었다(출34:15-16; 신 7:1-5; 고후 6:14-16). 이방인과의 결혼은 신앙의 변절을 가져온다. 참된 성도는 성경적 기독교 신앙을 가진 자와 결혼해야 한다. 우리는 바른 신앙을 갖지 않은 자들과 결혼하지 말아야 한다. 우리는 불신자나 이방종교인이나 이단자와 결혼해서는 안 되며 천주교인이나 자유주의, 신복음주의, 은사주의 사상을 가진 자와 해서도 안 된다.

10장: 이방 여인들을 돌려보냄

〔1-4절〕에스라가 하나님의 전 앞에 엎드려 울며 기도하여 죄를 자복할 때에 많은 백성이 심히 통곡하매 이스라엘 중에서 백성의 남녀와 어린아이의 큰 무리가 그 앞에 모인지라. 엘람 자손 중 여히엘의 아들 스가냐가 에스라에게 이르되 우리가 우리 하나님께 범죄하여 이 땅 이방 여자를 취하여 아내를 삼았으나 이스라엘에게 오히려 소망이 있나니 곧 내 주의 교훈(에차 מצוה)[뜻, 조언]을 좇으며 우리 하나님의 명령을 떨며 준행하는 자[자들]의 의논[뜻, 조언]을 좇아 이 모든 아내와 그 소생을 다 내어 보내기로 우리 하나님과 언약을 세우고 율법대로 행할 것이라. 이는 당신의 주장할 일이니 일어나소서. 우리가 도우리니 힘써 행하소서.

고국으로 돌아온 에스라는 유다 땅에 남아 있는 자들, 곧 본토에 남아 있던 자들과 80년 전 스룹바벨과 예수아의 인도로 바벨론에서 돌아왔던 자들의 자손들이 이방인들과 연혼한 죄를 발견하고 하나님의 전 앞에 엎드려 울며 기도하며 죄를 자복했다. 하나님께서는 에스라의 마음에 바른 깨달음과 백성을 대신해 통회자복하는 마음을 주셨다. 참 부흥은 지도자 한 명의 바른 깨달음에서 시작되는 것 같다. 에스라의 바른 깨달음은 그가 평소에 성경말씀을 사랑하고 늘 묵상하고 실천함으로 성경에 정통하고 경건하고 거룩한 삶을 살았던 데 기인하였다고 본다. 물론 그것은 다 하나님의 은혜이었다.

그때에 많은 백성이 심히 통곡하므로 이스라엘 백성 중에서 남녀와 어린아이의 큰 무리가 그 앞에 모였다. 하나님께서는 백성의 마음도 감동하셨다. 교회의 부흥은 하나님의 은혜로 시작되고 이루어진다. 사도 바울은 사람의 구원이 사람의 결심과 노력으로 되는 것이 아니고 하나님의 주권적 긍휼로 된다고 말했다(롬 9:16, 18).

그때에 엘람 자손 중 여히엘의 아들 스가냐가 에스라에게 말했다. "우리가 우리 하나님께 범죄하여 이 땅 이방 여자를 취하여 아내를 삼았으나 이스라엘에게 오히려 소망이 있나니 곧 내 주의 뜻을 좇으며 우리 하나님의 명령을 떨며 준행하는 자들의 뜻을 좇아 이 모든 아내와 그 자녀들을 다 내어 보내기로 우리 하나님과 언약을 세우고 율법대로 행할 것이라. 이는 당신의 주장할 일이니 일어나소서. 우리가 도우리니 힘써 행하소서." 스가냐는 제사장이나 레위인도 아니며 일반 유대인이었던 것 같다. 그는 엘람 자손 중 여히엘의 아들이었다. 스룹바벨 당시에 바벨론에서 돌아온 자들 중 엘람 자손이 1,254명이 있었다. 그는 모든 백성들 중에 일어나 에스라에게 바른 말로 제안하며 격려하는 지도력을 발휘했다. 그는 에스라가 하나님의 율법대로 이방인 아내들과 그 자녀들을 내어보내는 일을 담대히 시행하라고 말했다. 하나님께서는 에스라와 유다 백성을 위해 스가냐 같은 용기 있는 협력자를 주셨다. 그것도 하나님의 큰 은혜이었다.

〔5-9절〕 이에 에스라가 일어나 제사장들과 레위 사람들과 온 이스라엘에게 이 말대로 행하기를 맹세하게 하매 무리가 맹세하는지라. 이에 에스라가 하나님의 전 앞에서 일어나 엘리아십의 아들 여호하난의 방으로 들어가니라. 저가 들어가서 사로잡혔던 자의 죄를 근심하여 떡도 먹지 아니하며 물도 마시지 아니하더니 유다와 예루살렘의 사로잡혔던 자의 자손들에게 공포하기를 너희는 예루살렘으로 모이라. 누구든지 방백들과 장로들의 훈시(에차 עֵצָה)[뜻, 조언]를 좇아 3일 내에 오지 아니하면 그 재산을 적몰(籍沒)[몰수]하고 사로잡혔던 자의 회에서 쫓아내리라 하매 유다와 베냐민 모든 사람이 3일 내에 예루살렘에 모이니 때는 9월 21일이라. 무리가 하나님의 전 앞 광장에 앉아서 이 일과 큰 비를 인하여 떨더니.

에스라가 일어나 제사장들과 레위 사람들과 온 이스라엘에게 이 말대로 행하기를 맹세하게 하니 무리가 맹세하였다. 이에 에스라는 하나님의 전 앞에서 일어나 여호하난의 방으로 들어갔다. 그가 그 방에 들어간 것은 그 일을 위해 기도로 준비하며 생각하기 위함이었을 것이다. 그는 들어가서 사로잡혔던 자의 죄를 근심하여 떡도 먹지 않고 물도 마시지 않았다. 그는 나와서 유다와 예루살렘의 사로잡혔던 자의 자손들에게 공포하였다. 에스라는 단호한 지시를 내려 3일 안에 모이지 않는 자는 그 재산을 빼앗고 이스라엘 총회에서 제명 출교할 것이라고 경고했다. 유다와 베냐민 모든 사람들은 3일 안에 예루살렘에 모였다. 무리들은 하나님의 전 앞 광장에 앉아서 이 일과 큰 비를 인하여 떨었다. 그러나 그 비는 그들의 바르고 선한 일을 중단시키지 못하였다. 에스라와 그 백성의 결심은 확고하였다.

〔10-15절〕 제사장 에스라가 일어서서 저희에게 이르되 너희가 범죄하여 이방 여자로 아내를 삼아 이스라엘의 죄를 더하게 하였으니 이제 너희 열조의 하나님 앞에서 죄를 자복하고 그 뜻대로[뜻을] 행하여 이 땅 족속들과 이방 여인을 끊어버리라[이방 여인들과 분리하라]. 회(會)[회중의] 무리가 큰 소리로 대답하여 가로되 당신의 말씀대로 우리가 마땅히 행할 것이니이다. 그러나 백성이 많고 또 큰 비가 내리는 때니 능히 밖에 서지 못할 것이요 우리가 이 일로 크게 범죄하였은즉 하루 이틀에 할 일이 아니오니 이제 온 회중을 위하여 우리 방백들을 세우고 우리 모든 성읍에 이방 여자에게 장가든 자는 다 기한에 본성 장로들과 재판장과 함께 오게 하여 우리 하나님의 이 일로 인하신 진노가 우리에게서 떠나게 하소서 하나 오직(아크 ㄲ𝕏)[그러나] 아사헬의 아들 요나단과 디과의 아들 야스야가 일어나 그 일을 반대하고(BDB, NASB, NIV) 므술람과 레위 사람 삽브대가 저희를 돕더라.

제사장 에스라는 일어서서 이방 여인들과 분리하라고 말했고 백성들은 한 마음으로 응답하였다. 그러나 요나단과 야스야가 일어나 그 일을 반대하고 므술람과 레위 사람 삽브대가 그들을 도왔다. 하나님의 선한 일에는 때때로 소수의 반대하는 자들이 있는 것 같다. 그들은 모세의 율법에 증거되어 있고 하나님의 사람 에스라를 통해 전해진 하나님의 뜻에 대한 바른 지식과 믿음이 없는 자들이었다.

〔16-17절〕 사로잡혔던 자의 자손이 그대로 한지라. 제사장 에스라가 그 종족을 따라 각기 지명된 족장 몇 사람을 위임하고 시월 초하루에 앉아 그 일을 조사하여 정월 초하루에 이르러 이방 여인을 취한 자의 일 조사하기를 마치니라.

사로잡혔던 자의 자손들은 그대로 했다. 에스라서에는 '사로잡혔던 자의 자손'이라는 표현이 약 10번 나온다(2:1; 4:1; 6:16, 20, 21; 9:4; 10:6, 7, 8, 16). 제사장 에스라는 그 종족을 따라 각기 지명된 족장 몇 사람을 위임하고 이방 여인을 위한 자들의 일을 조사해 3개월에 걸려 마쳤다. 에스라가 결심한 대로 모든 일이 바르게 이루어졌다.

〔18-24절〕 제사장의 무리 중에 이방 여인을 취한 자는 예수아 자손 중 요사닥의 아들과 그 형제[요사닥의 아들 예수아와 그의 형제들](KJV, NASB, NIV) 마아세야와 엘리에셀과 야립과 그달랴라. 저희가 다 손을 잡아 맹세하여 그 아내를 보내기로 하고 또 그 죄를 인하여 숫양 하나를 속건제로 드렸으며 또 임멜 자손 중에는 하나니와 스바댜요 하림 자손 중에는 마아세야와 엘리야와 스마야와 여히엘과 웃시야요 바스훌 자손 중에는 엘료에내와 마아세야와 이스마엘과 느다넬과 요사밧과 엘라사였더라. 레위 사람 중에는 요사밧과 시므이와 글라야라 하는 글리다와 브다히야와 유다와 엘리에셀이었더라. 노래하는 자 중에는 엘리아십이요 문지기 중에는 살룸과 델렘과 우리였더라.

제사장들 중에는 이방 여인들을 아내로 맞은 자들이 17명이 있었고, 레위인들 중에는 10명이 있었다.

〔25-44절〕 이스라엘 중에는 바로스 자손 중 라먀와 잇시야와 말기야와 미야민과 엘르아살과 말기야와 브나야요, 엘람 자손 중 맛다냐와 스가랴와 여히엘과 압디와 여레못과 엘리야요, 삿두 자손 중 엘료에내와 엘리아십과 맛다냐와 여레못과 사밧과 아시사요, 베배 자손 중 여호하난과 하나냐와 삽배와 아들래요, 바니 자손 중 므술람과 말룩과 아다야와 야숩과 스알과 여레못이요, 바핫모압 자손 중 앗나와 글랄과 브나야와 마아세야와 맛다냐와 브살렐과 빈누이와 므낫세요, 하림 자손 중 엘리에셀과 잇시야와 말기야와 스마야와 시므온과 베냐민과 말룩과 스마랴요, 하숨 자손 중 맛드내와 맛닷다와 사밧과 엘리벨렛과 여레매와 므낫세와 시므이요, 바니 자손 중 마아대와 아므람과 우엘과 브나야와 베드야와 글루히와 와냐와 므레못과 에랴십과 맛다냐와 맛드내와 야아수와 바니와 빈누이와 시므이와 셀레먀와 나단과 아다야와 막나드배와 사새와 사래와 아사렐과 셀레먀와 스마랴와 살룸

과 아마랴와 요셉이요, 느보 자손 중 여이엘과 맛디디야와 사밧과 스비내와 잇도와 요엘과 브나야더라. 이상은 모두 이방 여인을 취한 자라. 그 중에 자녀를 낳은 여인도 있었더라.

일반 유다인들 중에는 86명이 있었고, 제사장, 레위인 등 모두 합치면 113명이었다. 그들 중에는 자녀들을 낳은 여인들도 있었다.

본장의 교훈을 정리해보자. 첫째로, 하나님께서는 에스라 같은 바른 지식과 용기를 가진 지도자를 주셨다. 에스라는 평소에 성경을 사랑했고 열심히 연구했고 성경에 정통했다. 그는 백성의 문제가 이방 여인들을 아내로 얻은 것이고 그 이방 여인들을 돌려보내야 함을 알았다. 우리는 오늘날에도 이런 지도자를 주시기를 하나님께 기도해야 한다.

둘째로, 하나님께서는 스가냐 같이 하나님의 뜻을 잘 이해하고 호응하고 협력하는 자를 주셨다. 하나님께서 은혜를 주실 때 교인들이 바른 교훈을 이해하며 스가냐 같은 용기 있는 협력자도 일어날 것이다. 우리는 배교와 타협과 혼돈의 시대인 오늘날에도 하나님께서 교회의 개혁과 갱신을 위해 그런 협력자들을 일으켜 주시기를 기도해야 한다.

셋째로, 우리는 개인으로나 교회적으로 모든 비성경적인 요소들을 버리고 교제에 대한 성경의 교훈을 실천해야 한다. 성경은 교제와 분리의 원리를 분명히 가르친다(롬 16:17; 고전 5:11-13; 딛 3:10; 살후 3:6, 14; 요이 10-11). 우리는 불신자와 이단자와 결혼하지 말아야 할 뿐 아니라(고전 7:12-13; 고후 6:14-16), 자유주의자나 천주교인과 교제하지 말아야 하고 신복음주의자나 은사주의자와도 교제를 조심해야 한다.

넷째로, 에스라와 유대인들의 바른 생각과 결심과 행위에 대해 반대하는 요나단, 야스야, 므술람, 삽브대 같은 자들이 있었다. 하나님의 종들과 성도들은 소수의 반대자들의 반대가 두려워 성경에 밝히 계시된 하나님의 뜻을 시행하지 못해서는 안 된다. 성경에 계시된 하나님의 뜻이 분명하다면 우리는 반대자들이 있을지라도 그런 자들을 두려워하지 말고 그 선한 일을 포기하지 말고 담대히 그 일을 행해야 한다.

느헤미야

내용 목차

서론

에스라와 느헤미야는 히브리어 성경에서 한 권의 책으로 간주된다. 느헤미야의 **저자**는 느헤미야이다. 본서에는 '내가,' '나의,' '나를' '나에게' 등 일인칭 대명사가 약 114회 사용된다. 그것은 본서의 저자가 느헤미야 자신임을 잘 증거한다.

본서의 **주요 내용**은 예루살렘 성곽 재건(1-7장)과 회개(8-13장)이다. 또 본서의 **특징적 진리**는 하나님 백성의 순결성이다. 그들은 이방인과의 연혼 금지와 안식일 성수와 십일조 규례를 실천하였다.

본문 혹은 각주에 자주 사용된 약어

KJV	영어 King James Version
NASB	영어 New American Standard Version
NIV	영어 New International Version
LXX	고대 헬라어 70인역
Syr	고대 수리아어역
It	고대 라틴어역
Vg	고대 라틴어 Vulgate역
BDB	Brown-Driver-Briggs, *Hebrew Lexicon of the O. T.*
KB	Koehler-Baumgartner, *Lexicon in Veteris Testamenti Libros.*
Langenscheidt	*Langenscheidt Pocket Hebrew Dictionary.*
NBD	*The New Bible Dictionary.* IVP.
Poole	Matthew Poole, *A Commentary on the Holy Bible.*
JFB	Jamieson-Faussett-Brown, *A Commentary.*

1장: 느헤미야의 기도

〔1-4절〕 하가랴의 아들 느헤미야의 말이라. 아닥사스다 왕 제20년 기슬르월(종교력 9월, 민간력 3월)에 내가 수산궁에 있더니 나의 한 형제 중 하나니가 두어 사람과 함께 유다에서 이르렀기로 내가 그 사로잡힘을 면하고 남아 있는 유다 사람과 예루살렘 형편을 물은즉 저희가 내게 이르되 사로잡힘을 면하고 남은 자가 그 도에서 큰 환난을 만나고 능욕을 받으며 예루살렘 성은 훼파되고 성문들은 소화(燒火)되었다 하는지라. 내가 이 말을 듣고 앉아서 울고 수일 동안 슬퍼하며 하늘의 하나님 앞에 금식하며 기도하여.

본서는 하가랴의 아들 느헤미야의 말이지만, 그는 하나님의 감동 가운데 본서를 썼다(딤후 3:16). 그는 아닥사스다 왕 제20년 기슬르월에 수산궁에 있었다고 말한다. 원문에는 '아닥사스다 왕'이라는 말이 없으나 2:1에 의하면, 제20년은 아닥사스다 왕 제20년을 가리켰다. 아닥사스다 왕의 통치연대는 주전 464-424년경이었으므로 제20년은 주전 445년경이었다. 느헤미야는 왕의 술 관원이었다(11절).

그가 수산궁에 있을 때, 그의 형제 중 하나인 하나니가 두어 사람과 함께 유다에서 왔다. 그는 바벨론 포로생활을 면하고 남아 있는 유다 사람과 예루살렘 형편을 물었다. 그들은 그에게 포로생활을 면하고 남아 있는 자들이 그 도에서 큰 환난을 만나고 능욕을 받으며 예루살렘성은 부서진 채로 있었고 성문들은 불탄 채로 있었다고 말했다. 예루살렘이 멸망한 지 약 140년, 바벨론에서 돌아온 지 약 92년의 세월이 흐른 때이었으나 그러하였다.4) 느헤미야는 이 말을 듣고

---

4) 1:3의 묘사는 느부갓네살 때의 일이 아니고 포로귀환 후 어느 시점에서 되어진 일이라는 견해가 있으나, 그것은 타당해보이지 않는다. 그 이유는, 첫째, 스룹바벨 때에는 성전만 건립했고(스 6:15) 예루살렘 성곽의 건립에 대한 언급이 없고 그 후에도 느헤미야 전에 예루살렘성이 재건되었다는 성경의 증거가 없다. 둘째, 6-7절의 느헤미야의 회개 기도는 느부갓네살 때

앉아서 울고 수일 동안 슬퍼하며 하늘의 하나님 앞에 금식하며 기도하였다. 그것은 그가 어떻게 진실하게 하나님을 경외하고 하나님의 백성 이스라엘과 예루살렘성을 사랑했는지를 보인다. 이스라엘 백성과 예루살렘성은 구약교회이다. 느헤미야는 구약교회를 사랑하였다.

〔5-7절〕 가로되 하늘의 하나님 여호와 크고 두려우신 하나님이여, 주를 사랑하고 주의 계명을 지키는 자에게 언약을 지키시며 긍휼(케세드 חֶסֶד)[자비]을 베푸시는 주여, 간구하나이다. 이제 종이 주의 종 이스라엘 자손을 위하여 주야로 기도하오며 이스라엘 자손의 주 앞에 범죄함을 자복하오니 주는 귀를 기울이시며 눈을 여시사 종의 기도를 들으시옵소서. 나와 나의 아비 집이 범죄하여 주를 향하여 심히 악을 행하여 주의 종 모세에게 주께서 명하신 계명과 율례와 규례를 지키지 아니하였나이다.

5-11절은 느헤미야의 기도이다. 우선, 그는 회개의 기도를 올렸다. 느헤미야는 하나님을 '하늘의 하나님 여호와, 크고 두려우신 하나님'으로 고백하며 또 하나님께서 그를 사랑하고 그의 계명을 지키는 자에게는 언약을 지키시고 자비를 베푸시는 자라고 말하였다. 또 그는 자신이 이스라엘 자손들을 위해 주야로 기도한다고 말하며 그들이 하나님 앞에 범죄하였고 하나님을 향해 심히 악을 행했음을 고백하였다. 이스라엘 자손을 위한 그의 심정은 뜨겁고 간절하였다.

〔8-9절〕 옛적에 주께서 주의 종 모세에게 명하여 가라사대 만일 너희가 범죄하면 내가 너희를 열국 중에 흩을 것이요 만일 내게로 돌아와서 내 계명을 지켜 행하면 너희 쫓긴 자가 하늘 끝에 있을지라도 내가 거기서부터 모아 내 이름을 두려고 택한 곳에 돌아오게 하리라 하신 말씀을 이제 청컨대 기억하옵소서.

느헤미야는 또 레위기 26:40-45에 기록된 하나님의 말씀을 기억하며 그 말씀을 붙들고 하나님의 자비와 예루살렘의 회복을 구하였다.

의 멸망을 회고하였다. 셋째, 느헤미야 2:3에 성이 '이제까지 황무하고 성문이 소화되었다'는 표현도 느부갓네살 때의 멸망에 적합하다.

느헤미야 1장: 느헤미야의 기도

〔10-11절〕 이들은 주께서 일찍 큰 권능과 강한 손으로 구속(救贖)하신 주의 종이요 주의 백성이니이다. 주여, 구하오니 귀를 기울이사 종의 기도와 주의 이름을 경외하기를 기뻐하는 종들의 기도를 들으시고 오늘날 종으로 형통하여 이 사람 앞에서 은혜(라카밈 רַחֲמִים)[긍휼]를 입게 하옵소서 하였나니 그때에 내가 왕의 술 관원이 되었었느니라.

느헤미야는 또 이스라엘 백성이 하나님의 특별한 은혜와 사랑을 입은 백성임을 고백했다. 그는 이스라엘에게 베푸신 하나님의 구속(救贖)의 은혜에 근거하여 하나님의 회복을 구하였다. 오늘날도 우리는 예수 그리스도 안에서 베푸신 하나님의 크신 구원의 은혜에 근거하여 하나님의 긍휼의 도우심을 감히 기대한다. ‘이 사람’이라는 말은 아닥사스다 왕을 가리킬 것이다. 그때 그는 왕의 술 관원이었다. 느헤미야의 기도는 분명한 목표와 내용이 있었다. 그는 왕 앞에서 긍휼을 입어 그의 고국의 예루살렘성을 재건하기를 소원하였다.

본장의 교훈을 정리해보자. 첫째로, 느헤미야는 포로생활을 면하고 유다 땅에 남아 있는 유다 백성이 큰 환난과 능욕을 당하고 예루살렘성이 부서진 채로 있고 성문들이 불탄 채로 있는 형편을 듣고 수일 동안 슬퍼하며 금식하며 기도하였다. 우리는 이스라엘을 위한 느헤미야의 심정을 본받아야 한다. 이스라엘 백성은 구약교회이었다. 교회의 건립과 평안은 하나님의 뜻이다. 어느 시대보다도 어지럽고 혼란한 오늘날, 우리는 참된 교회의 건립과 평안을 생각하며 위하여 기도해야 한다.

둘째로, 느헤미야는 예루살렘성의 재건을 위해 금식하며 기도할 때 먼저 하나님 앞에 자신과 선조들의 죄악을 자복하며 회개했다. 오늘날도 참된 교회의 건립과 평안을 위해 첫째로 필요한 것은 하나님의 뜻에 어긋나는 점들의 발견과 회개이다. 참된 교회의 건립과 평안은 하나님의 긍휼과 은혜로만 가능한 일이며, 그것은 목사들과 성도들의 불순종, 세속주의와 인본주의와 쾌락주의의 죄를 통회자복함으로써 이루어질 것이다. 우리는 오늘날도 회개 기도를 통해 참된 교회를 세워야 한다.

2장: 느헤미야가 유다로 보내짐

〔1-6절〕 아닥사스다 왕 20년 니산월에 왕의 앞에 술이 있기로 내가 들어 왕에게 드렸는데 이전에는 내가 왕의 앞에서 수색(愁色)〔슬픈 빛〕이 없었더니 왕이 내게 이르시되 네가 병이 없거늘 어찌하여 얼굴에 수색이 있느냐? 이는 필연 네 마음에 근심이 있음이로다. 그때에 내가 크게 두려워하여 왕께 대답하되 왕은 만세수를 하옵소서. 나의 열조의 묘실 있는 성읍이 이제까지 황무하고 성문이 소화되었사오니 내가 어찌 얼굴에 수색이 없사오리이까? 왕이 내게 이르시되 그러면 네가 무엇을 원하느냐 하시기로 내가 곧 하늘의 하나님께 묵도(默禱)하고 왕에게 고하되 왕이 만일 즐겨하시고 종이 왕의 목전에서 은혜를 얻었사오면 나를 유다 땅 나의 열조의 묘실 있는 성읍에 보내어 그 성을 중건하게 하옵소서 하였는데 그때에 왕후도 왕의 곁에 앉았더라. 왕이 내게 이르시되 네가 몇 날에 행할 길이며 어느 때에 돌아오겠느냐 하고 왕이 나를 보내기를 즐겨하시기로 내가 기한을 정하고.

느헤미야는 파사의 아닥사스다 왕의 술 관원이었다. 아닥사스다 왕 20년, 즉 주전 445년경 니산월(종교력 1월, 민간력 7월)에 왕의 앞에 술이 있었고 느헤미야는 그것을 들어 왕에게 드렸다. 이전에는 왕 앞에서 그의 얼굴에 슬픈 빛이 없었으나 그 날 그의 얼굴에 슬픈 빛을 보고 왕이 그의 마음에 무슨 근심이 있는가 물었고 그는 자기의 열조의 묘실 있는 성읍의 황폐함을 인함이라고 말하였다. 왕이 그에게 호의를 가지고 무엇을 원하느냐고 다시 묻자, 그는 하나님께 묵상 기도하며 자신을 그리로 보내어 그 성을 중건하게 하시기를 왕에게 구했다. 왕은 즐거이 그를 보내기를 원하며 기한을 정하였다.

〔7-10절〕 내가 또 왕에게 아뢰되 왕이 만일 즐겨하시거든 강 서편 총독들에게 내리시는 조서를 내게 주사 저희로 나를 용납하여 유다까지 통과하게 하시고 또 왕의 삼림 감독 아삽에게 조서를 내리사 저로 전에 속한 영문의 문과 성곽과 나의 거할 집을 위하여 들보 재목을 주게 하옵소서 하매 내 하나님의 선한 손이 나를 도우심으로 왕이 허락하고 군대장관과 마병을 보

내어 나와 함께하게 하시기로 내가 강 서편에 있는 총독들에게 이르러 왕의 조서를 전하였더니 호론 사람 산발랏과 종 되었던 암몬 사람 도비야가 이스라엘 자손을 흥왕케 하려는(레박케쉬 토바 לְבַקֵּשׁ טוֹבָה)[이스라엘 자손의 형통을 구하는](KJV, NASB, NIV) **사람이 왔다 함을 듣고 심히 근심하더라.**

느헤미야는 또 왕에게 유다까지의 안전한 통행과 그곳에서 필요한 들보 재목도 구하였다. 그것은 여러 날 동안 금식기도하며 생각했던 소원이었을 것이다. 느헤미야는 "내 하나님의 선한 손이 나를 도우심으로 왕이 허락하였다"고 말한다. 왕은 군대장관과 마병도 보내어 그와 함께하게 했다. 느헤미야는 강 서편 총독들에게 왕의 조서를 전했다. 유다 땅에 산발랏과 도비야라는 자가 있었는데 그들은 이스라엘 자손들의 형통을 구하는 자가 왔다 함을 듣고 심히 근심하였다.

〔11-16절〕 **내가 예루살렘에 이르러 거한 지 3일에 내 하나님이 내 마음을 감화하사**[나의 마음에 두신](원문)(KJV, NASB, NIV) **예루살렘을 위하여 행하게 하신 일을 내가 아무 사람에게도 말하지 아니하고 밤에 일어나 두어 사람과 함께 나갈새 내가 탄 짐승 외에는 다른 짐승이 없더라. 그 밤에 골짜기 문으로 나가서 용정(龍井, '용의 우물')으로 분문(糞門, '배설물 문')에 이르는 동안에 보니 예루살렘 성벽이 다 무너졌고 성문은 소화(燒火)되었더라. 앞으로 행하여 샘문과 왕의 못에 이르르는 탄 짐승이 지나갈 곳이 없는지라. 그 밤에 시내를 좇아 올라가서 성벽을 살펴 본 후에 돌이켜 골짜기 문으로 들어와서 돌아왔으나 방백들은 내가 어디 갔었으며 무엇을 하였는지 알지 못하였고 나도 그 일을 유다 사람들에게나 제사장들에게나 귀인들에게나 방백들에게나 그 외에 일하는 자들에게 고하지 아니하다가.**

느헤미야는 예루살렘에 이르러 거한 지 삼일에 아무 사람에게도 말하지 않고 밤에 일어나 두어 사람과 함께 나가 예루살렘성의 형편을 살폈다. 과연 예루살렘 성벽은 다 무너졌고 성문은 불태워진 채로 있었다. 그러나 그는 그 일을 유다의 지도자들에게 말하지 않았다.

〔17-20절〕 **후에 저희에게 이르기를 우리의 당한 곤경은 너희도 목도하는 바라. 예루살렘이 황무하고 성문이 소화(燒火)되었으니 자, 예루살렘성을 중건하여 다시 수치를 받지 말자 하고 또 저희에게 하나님의 선한 손이**

나를 도우신 일과 왕이 내게 이른 말씀을 고하였더니 저희의 말이 일어나 건축하자 하고 모두 힘을 내어 이 선한 일을 하려 하매 호론 사람 산발랏과 종이 되었던 암몬 사람 도비야와 아라비아 사람 게셈이 이 말을 듣고 우리를 업신여기고 비웃어 가로되 너희의 하는 일이 무엇이냐? 왕을 배반코자 하느냐 하기로 내가 대답하여 가로되 하늘의 하나님이 우리로 형통케 하시리니 그의 종 우리가 일어나 [성을] 건축하려니와 오직 너희는 예루살렘에서 아무 기업도 없고 권리도 없고 명록[이름을 기억함]도 없다 하였느니라.

느헤미야는 유다 사람들에게와 제사장들과 귀인들과 방백들에게 하나님의 선한 손이 그를 도우신 일과 왕이 그에게 이른 말을 고하며 예루살렘성을 중건하자고 말하였다. 그들은 모두 힘을 내어 이 선한 일을 하려 하였다. 그런데 산발랏과 도비야와 게셈이 이 말을 듣고 느헤미야의 사람들을 업신여기고 비웃으며 그들이 왕을 배반코자 하느냐고 말했다. 그러나 느헤미야는 하늘의 하나님께서 우리로 형통케 하시리니 그의 종 우리가 일어나 성을 건축하려니와 너희는 예루살렘에서 아무 기업도, 권리도, 이름을 기억함도 없다고 말했다.

본장의 교훈을 정리해보자. 첫째로, 느헤미야는 금식하며 기도했고 하나님의 응답을 받아 왕의 호의와 허락을 얻었다. 느헤미야는 하나님의 주권적 섭리의 손길을 믿었다. 그는 예루살렘성의 재건을 위한 소원을 하나님께서 그의 마음에 두신 일이라고 말했고 또 하나님께서 그 일을 형통케 하실 것이라고 말했다. 우리는 느헤미야와 같이 하나님의 일을 위해 하나님의 도우심을 믿고 하나님께 간절히 기도해야 한다.

둘째로, 느헤미야에게는 그가 소원하고 하나님께서 허락하신 그의 일을 대적하고 방해하는 자들이 있었다. 하나님의 일에는 언제나 그것을 방해하는 사람들이 있다. 그것은 마귀과 악령들의 활동이다. 그러나 느헤미야는 그들에게 "너희는 예루살렘에서 아무 기업도 없고 권리도 없다"고 말했다. 우리는 대적자들을 두려워하지 말고 그들과 타협하지도 말고 오직 하나님의 일을 하나님의 방법으로 담대히 이루어야 한다.

3장: 성곽을 건축함

〔1-4절〕 때에 대제사장 엘리아십이 그 형제 제사장들과 함께 일어나 양문(羊門)을 건축하여 성별하고 문짝을 달고 또 성벽을 건축하여 함메아(the Hundred, 일백)(NASB, NIV) 망대에서부터 하나넬 망대까지 성별하였고 그 다음은 여리고 사람들이 건축하였고 또 그 다음은 이므리의 아들 삭굴이 건축하였으며 어문(魚門)은 하스나아의 자손들이 건축하여 그 들보를 얹고 문짝을 달고 자물쇠와 빗장을 갖추었고 그 다음은 학고스의 손자 우리아의 아들 므레못이 중수(重修)하였고 그 다음은 므세사벨의 손자 베레갸의 아들 므술람이 중수하였고 그 다음은 바아나의 아들 사독이 중수하였고.

느헤미야의 인도 아래 시작된 성곽 건축의 일은 대제사장을 비롯하여 유다 나라의 각계 각층의 사람들의 참여로 이루어졌다.

〔5-8절〕 그 다음은 드고아 사람들이 중수하였으나 그 귀족들은 그 주(主)의 역사에 담부(擔負)치[일을 돕지] 아니하였으며 옛 문은 바세아의 아들 요야다와 브소드아의 아들 므술람이 중수하여 그 들보를 얹고 문짝을 달고 자물쇠와 빗장을 갖추었고 그 다음은 기브온 사람 믈라댜와 메로놋 사람 야돈이 강 서편 총독의 관할에 속한 기브온 사람들과 미스바 사람들로 더불어 중수하였고 그 다음은 금장색 할해야의 아들 웃시엘 등이 중수하였고 그 다음은 향품 장사 하나냐 등이 중수하되 저희가 예루살렘 넓은 성벽까지 하였고.

5절의 '그 주'라는 원어(아도네헴 אֲדֹנֵיהֶם)는 '그들의 주님(Lord)'(KJV) 곧 하나님을 가리키거나 '그들의[그들이 섬기는] 주군(主君)들'(NASB, NIV)을 가리킬 것이다. 7절은, "그 다음은 기브온 사람 믈라댜와 메로놋 사람 야돈, 곧 기브온과 미스바 사람들이(KJV, NASB, NIV) 강 서편 총독의 보좌에까지 중수하였고(NASB)"라고 번역해야 좋을 것 같다. 8절은 '금장색들 중에 . . . 향품 장사들 중에 . . .'라는 뜻이라고 본다(KJV, NASB, NIV). 이 구절은, 금장색들과 향품 장사들 중에 성곽 건축에 참여하지 않은 자들도 있음을 암시한다.

〔9-19절〕 그 다음은 예루살렘 지방 절반을 다스리는 자 후르의 아들 르

바야가 중수하였고 하루맙의 아들 여다야는 자기 집과 마주 대한 곳을 중수하였고 그 다음은 하삽느야의 아들 핫두스가 중수하였고 하림의 아들 말기야와 바핫모압의 아들 핫숩이 한 부분과 풀무 망대를 중수하였고 그 다음은 예루살렘 지방 절반을 다스리는 자 할로헤스의 아들 살룸과 그 딸들이 중수하였고 골짜기 문은 하눈과 사노아 거민이 중수하여 문을 세우며 문짝을 달고 자물쇠와 빗장을 갖추고 또 분문(糞門)까지 성벽 1천 규빗[약 450미터]을 중수하였고 분문은 벧학게렘 지방을 다스리는 레갑의 아들 말기야가 중수하여 문을 세우며 문짝을 달고 자물쇠와 빗장을 갖추었고 샘문은 미스바 지방을 다스리는 골호세의 아들 살룬이 중수하여 문을 세우고 덮으며 문짝을 달며 자물쇠와 빗장을 갖추고 또 왕의 동산 근처 셀라[실로암] 못가의 성벽을 중수하여 다윗 성에서 내려오는 층계까지 이르렀고 그 다음은 벧술 지방 절반을 다스리는 자 아스북의 아들 느헤미야가 중수하여 다윗의 묘실과 마주 대한 곳에 이르고 또 파서 만든 못을 지나 용사의 집까지 이르렀고 그 다음은 레위 사람 바니의 아들 르훔이 중수하였고 그 다음은 그일라 지방 절반을 다스리는 자 하사뱌가 그 지방을 대표하여 중수하였고 그 다음은 그 형제 그일라 지방 절반을 다스리는 자 헤나닷의 아들 바왜가 중수하였고 그 다음은 미스바를 다스리는 자 예수아의 아들 에셀이 한 부분을 중수하여 성 굽이에 있는 군기고[병기창고] 맞은편까지 이르렀고.

'분문'(糞門)은 '배설물 문'이라는 뜻이다. 15절의 '셀라 못'은 '실로암 못'을 가리킨다(NIV). 17절은, "그 다음은 바니의 아들 르훔 아래 레위 사람들이 중수하였고"라는 뜻이다(NASB, NIV). 어떤 지역을 다스리는 자들이나 그 절반을 다스리는 자들도 성곽 건축에 동참했다.

〔20-27절〕 그 다음은 삽배의 아들 바룩이 한 부분을 힘써 중수하여 성 굽이에서부터 대제사장 엘리아십의 집 문에 이르렀고 그 다음은 학고스의 손자 우리야의 아들 므레못이 한 부분을 중수하여 엘리아십의 집 문에서부터 엘리아십의 집 모퉁이에 이르렀고 그 다음은 평지에 사는 제사장들이 중수하였고 그 다음은 베냐민과 핫숩이 자기 집 맞은편 부분을 중수하였고 그 다음은 아나냐의 손자 마아세야의 아들 아사랴가 자기 집에서 가까운 부분을 중수하였고 그 다음은 헤나닷의 아들 빈누이가 한 부분을 중수하되 아사랴의 집에서부터 성 굽이를 지나 성 모퉁이에 이르렀고 우새의 아들 발랄은

성 굽이 맞은편과 왕의 윗 궁에서 내어 민 망대 맞은편 곧 시위청(侍衛廳, the court of the guard)에서 가까운 부분을 중수하였고 그 다음은 바로스의 아들 브다야가 중수하였고 (때에 느디님 사람은 오벨에 거하여 동편 수문과 마주 대한 곳에서부터 내어 민 망대까지 미쳤느니라.) 그 다음은 드고아 사람들이 한 부분을 중수하여 내어 민 큰 망대와 마주 대한 곳에서부터 오벨 성벽까지 이르렀느니라.

〔28-32절〕 마문(馬門) 위로부터는 제사장들이 각각 자기 집과 마주 대한 부분을 중수하였고 그 다음은 임멜의 아들 사독이 자기 집과 마주 대한 부분을 중수하였고 그 다음은 동문지기 스가냐의 아들 스마야가 중수하였고 그 다음은 셀레먀의 아들 하나냐와 살랍의 여섯째 아들 하눈이 한 부분을 중수하였고 그 다음은 베레갸의 아들 므술람이 자기 침방(寢房)[침실]과 마주 대한 부분을 중수하였고 그 다음은 금장색[금장색들 중에](NASB, NIV) 말기야가 함밉갓 문(the Inspection Gate)[검사 문]과 마주 대한 부분을 중수하여 느디님 사람과 상고[상인]들의 집에서부터 성 모퉁이 누(樓)에 이르렀고 성 모퉁이 누에서 양문까지는 금장색과 상고들이 중수하였느니라.

30절에 '여섯째 아들'을 언급한 것은 아마 다른 아들들은 이 일에 참여하지 않았기 때문일 것이다. 2, 3, 8, 12장과 역대하 25-26장 등은 예루살렘성의 열두 혹은 열세 개의 문에 대해 증거한다. (1) 양문(羊門)(3:1; 12:39), (2) 어문(魚門)(3:3; 12:39), (3) 옛 문(3:6; 12:39), (4) 골짜기 문(2:15; 3:13; 대하 26:9), (5) 분문(糞門)(2:13; 3:14), (6) 샘문(2:14; 3:15; 12:37), (7) 수문(水門)(3:26; 8:16; 12:37), (8) 마문(馬門)(3:28), (9) 함밉갓 문[검사(檢査)문](3:31), (10) 에브라임 문(8:16; 12:39; 왕하 14:13; 대하 25:23), (11) 감옥문(12:39), (12) 성모퉁이 문(대하 25:23; 26:9); (13) 베냐민 문(렘 37:13; 38:7; 슥 14:10).

본장은 예루살렘 성곽을 재건함에 있어서 모두들이 협력했음을 증거한다. 첫째로, 그들은 남녀 귀천의 구별이 없이 이 일에 참여하였다. 대제사장과 제사장들을 비롯하여, 레위인들이 참여하였고(17절), 예루살렘 지방 절반을 다스리는 자들과 또 유다의 각 지역들을 다스리는 자들

느헤미야 3장: 성곽을 건축함

이 참여했고(9, 12, 14, 15, 16, 17, 18, 19절), 또 어떤 이의 딸들도 참여하였고(12절), 금장색과 향품장사, 또 다른 상인들도 참여했다(8, 31, 32절). 전도와 교회 건립 같은 하나님의 일을 하는 데는 남녀노소, 빈부귀천의 구별이 없어야 한다. 우리는 다 하나님의 일에 참여해야 한다.

둘째로, 그들은 힘써 수고했다. 성곽을 건립하는 일은 쉬운 일이 아니었다. 그들은 돌이나 벽돌을 쌓았을 것이고 때로는 문을 달기 위해 들보를 얹었고 문을 달았고 자물쇠와 빗장을 설치했다(1, 3, 6, 13, 14, 15절). 어떤 이들은 성벽을 약 450미터 중수했다. 또 어떤 이는 한 부분을 '힘써' 중수했다(20절). 하나님의 일 봉사는 수고와 희생이 필요한 일이다. 이기적 마음으로는 할 수 없다. 그들은 그 일을 하는 동안 돈을 못 벌었을 것이고 여자들은 집안일도 못했을 것이다. 그들은 시간도, 돈도, 힘도 사용해야 했다. 우리도 교회 건립을 위해 힘써 수고해야 한다.

셋째로, 많은 사람들은 자기 집과 마주 대한 곳을 중수하였다. 10절, "자기 집과 마주 대한 곳을 중수하였고." 그 외에도 23절(두 번), 28, 29, 30절에 같은 내용이 나온다. 하나님을 섬기는 일은 자기 집에서 가까운 곳에서부터 행해야 할 것이다. 전도도 자기 집 옆에서부터 행해야 할 것이다. 우리는 우리 교회 부근에서부터 전도해야 할 것이다.

넷째로, 그러나 예루살렘 재건에 참여한 자들은 제한적이었다. 5절, "그 귀족들은 그 주(主)의 역사에 담부(擔負)치[일을 돕지] 아니하였으며." 8절, "금장색들 중에 . . . 향품 장사들 중에." 하나님의 일에 참여치 않은 자들도 있었던 것 같다. 유다 백성들 모두가 또한 예루살렘 거민 모두가 성곽 공사에 참여한 것 같지는 않다. 하나님의 일은 하나님께서 은혜 주셔서 즐거이 자원하는 자들에 의하여 이루어지는 법이다. 모세 시대에 성막을 지을 때도 하나님께서는 즐거운 마음으로 바치는 자들의 예물을 받게 하셨고 그 일을 위해 자원하는 자들이 그것을 만들게 하셨다(출 26:2; 35:21; 36:2). 하나님의 은혜를 받아 자원하는 마음이 있는 자가 하나님의 일을 할 수 있다. 우리는 그런 자가 되어야 한다.

4장: 원수들을 막으면서 일함

〔1-6절〕 산발랏이 우리가 성을 건축한다 함을 듣고 크게 분노하여 유다 사람을 비웃으며 자기 형제들과 사마리아 군대 앞에서 말하여 가로되 이 미약한 유다 사람들의 하는 일이 무엇인가, 스스로 견고케 하려는가, 제사를 드리려는가, 하루에 필역하려는가[완수하려는가], 소화된[불타버린] 돌을 흙무더기(아파르 עָפָר)[흙, 쓰레기더미(BDB, KJV, NASB)]에서 다시 일으키려는가 하고 암몬 사람 도비야는 곁에 섰다가 가로되 저들의 건축하는 성벽은 여우가 올라가도 곧 무너지리라 하더라. 우리 하나님이여, 들으시옵소서. 우리가 업신여김을 당하나이다. 원컨대 저희의 욕하는 것으로 자기의 머리에 돌리사 노략거리가 되어 이방에 사로잡히게 하시고 주의 앞에서 그 악을 덮어 두지 마옵시며 그 죄를 도말하지 마옵소서. 저희가 건축하는 자 앞에서 주의 노를 격동하였음이니이다 하고 이에 우리가 성을 건축하여 전부가 연락[연결]되고 고[높이]가 절반에 미쳤으니 이는 백성이 마음 들여 역사[일]하였음이니라.

산발랏은 크게 분노하였고 자기 형제들과 사마리아 군대 앞에서 유다 사람들의 성 건축의 일을 비웃었으며 도비야도 비웃었으나, 그것은 단지 유대인들이 견고한 성을 지음으로 자기들보다 세력이 더 강해지는 것을 시기하였기 때문에 한 정당치 않은 행동이었다. 그런 상황에서 느헤미야는 하나님께 호소했다. 어려운 일이 있을 때 하나님께 기도하는 것은 최상의 대처 방법이다. 기도하는 것은 하나님의 도우심을 얻는 길이기 때문이다. 느헤미야는 기도하며 자기가 해야 할 일을 계획대로 행했다. 성곽의 전부가 연결되었고 높이가 절반에 미쳤다. 이것은 백성이 마음을 들여 일했기 때문이다. 우리가 하는 일이 바른 일인가 그른 일인가가 중요하지, 그것이 바른 일임이 분명하다면 이런 저런 어려움이 있다고 해서 낙심하거나 포기하거나 위축되지 말고 원래의 계획대로 그대로 진행하는 것이 좋다.

〔7-14절〕 산발랏과 도비야와 아라비아 사람들과 암몬 사람들과 아스돗

사람들이 예루살렘성이 중수(重修)되어 그 퇴락한 곳이 수보(修補)되어 간다 함을 듣고 심히 분하여 다함께 꾀하기를 예루살렘으로 가서 쳐서 요란하게 하자 하기로 우리가 우리 하나님께 기도하며 저희를 인하여 파숫군[파수꾼]을 두어 주야로 방비하는데 유다 사람들은 이르기를 흙무더기[쓰레기더미]가 아직도 많거늘 담부하는[짊어지는] 자의 힘이 쇠하였으니 우리가 성을 건축하지 못하리라 하고 우리의 대적은 이르기를 저희가 알지 못하고 보지 못하는 사이에 우리가 저희 중에 달려들어가서 살륙하여 역사[일]를 그치게 하리라 하고 그 대적의 근처에 거하는 유다 사람들도 (그 각처에서) 와서 열 번이나 우리에게 고하기를 너희가 우리에게로 와야 하리라[너희가 향하는 각처로부터 그들이 우리를 치러 오리라](NASB, ≒KJV, NIV) 하기로 내가 성 뒤 낮고 넓은 곳에 백성으로 그 종족을 따라 칼과 창과 활을 가지고 서게 하고 내가 돌아본 후에 일어나서 귀인들과 민장(民長)[관리들]과 남은 백성에게 고하기를 너희는 저희를 두려워 말고 지극히 크시고 두려우신 주를 기억하고 너희 형제와 자녀와 아내와 집을 위하여 싸우라 하였었느니라.

산발랏과 도비야와 아라비아 사람들과 암몬 사람들과 아스돗 사람들은 예루살렘성이 중수(重修)되어간다 함을 듣고 심히 분하여 다함께 꾀하기를 예루살렘으로 가서 쳐서 요란하게 하자고 했다. 그들은 정당성 없이 심히 분노했을 뿐 아니라, 예루살렘으로 가서 요란케 하려고 음모했다. 악인들의 시기심은 악한 목표를 이루기까지 그치지 않는 것 같다. 그러나 느헤미야는 하나님께 기도하며 그들을 인하여 파수꾼을 두어 밤낮으로 방비하였다. 하나님의 사람들은 하나님의 올바른 일들을 행할 때 방해나 반대가 있어도 낙심하지 말아야 한다.

느헤미야는 성 뒤 낮고 넓은 곳에 백성을 소집하여 그 종족을 따라 칼과 창과 활을 가지고 서게 하였고 돌아본 후에 일어나서 귀인들과 관리들과 남은 백성에게 고하기를, "너희는 저희를 두려워 말고 지극히 크시고 두려우신 주를 기억하고 너희 형제와 자녀와 아내와 집을 위하여 싸우라"고 했다. 느헤미야는 유다 백성들에게 하나님을 기억하고 담대히 힘써 싸우라고 권면하고 격려한 것이다.

〔15-20절〕 우리의 대적이 자기의 뜻을 우리가 알았다 함을 들으니라. 하나님이 저희의 꾀를 폐하셨으므로 우리가 다 성에 돌아와서 각각 역사[일] 하였는데 그때로부터 내 종자[부하들]의 절반은 역사하고 절반은 갑옷을 입고 창과 방패와 활을 가졌고 민장[관리들]은 유다 온 족속의 뒤에 있었으며 성을 건축하는 자와 담부하는[짊어지는] 자는 다 각각 한 손으로 일을 하며 한 손에는 병기를 잡았는데 건축하는 자는 각각 칼을 차고 건축하며 나팔 부는 자는 내 곁에 섰었느니라. 내가 귀인들과 민장들[관리들]과 남은 백성 에게 이르기를 이 역사는 크고 넓으므로 우리가 성에서 나뉘어 상거[거리]가 먼즉 너희가 무론 어디서든지 나팔 소리를 듣거든 그리로 모여서 우리에게 로 나아오라. 우리 하나님이 우리를 위하여 싸우시리라 하였느니라.

유다의 대적자들은 유다 백성이 자기들의 뜻을 알았다는 사실을 들었다. 하나님께서는 이렇게 그들의 꾀를 폐하셨다. 유다 백성은 각 각 성곽 쌓는 곳으로 돌아와 여전히 자기들의 일을 했다. 느헤미야의 부하들의 절반은 일하고 절반은 갑옷을 입고 창과 방패와 활을 가졌 고, 성을 건축하는 자와 짊어지는 자는 다 각각 한 손으로 일을 하며 한 손에는 병기를 잡았다. 건축하는 자는 각각 칼을 차고 건축하며 나팔 부는 자는 느헤미야 곁에 섰었다. 느헤미야는 사람이 해야 할 바를 다하였다. 즉 그는 하나님께서 그들을 위해 싸우실 것을 믿은 동시에 대적자들의 침입에 대비해 방비하는 일을 게을리하지 않았다. 그는 하나님을 믿는 믿음을 가지고 성벽 쌓는 일도 계속했고 대적자 들에 대한 방비도 게을리하지 않았던 것이다.

〔21-23절〕 우리가 이같이 역사하는데 무리의 절반은 동틀 때부터 별이 나기까지 창을 잡았었으며 그때에 내가 또 백성에게 고하기를 사람마다 그 종자와 함께 예루살렘 안에서 잘지니 밤에는 우리를 위하여 파수하겠고 낮 에는 역사[일]하리라 하고 내나 내 형제들이나 종자들이나 나를 좇아 파수하 는 사람들이나 다 그 옷을 벗지 아니하였으며 물을 길으러 갈 때에도 기계 [무기](NASB, NIV)를 잡았었느니라.

느헤미야는 하나님의 일이라고 확신한 성 건축의 일을 할 때에 대적자들의 방해를 받았다. 우리가 하나님의 일을 할 때에 때때로 그 일을 방해하는 자들이 있다. 또 교인들 중에는 마음이 약하여 그 일을 계속하지 못하고 낙심하는 자들도 있다. 낙심은 하나님의 일에 있어서 매우 큰 문제거리이다. 그러나 우리는 본장에서 몇 가지 교훈을 얻는다.

첫째로, 느헤미야는 어려운 문제를 만났을 때 하나님께 기도하며 그를 의지하였다. 우리는 어려운 문제를 만났을 때 하나님께 기도하며 그를 의지해야 한다. 모든 문제의 해결은 하나님께 있다. 하나님께서는 이 세상의 모든 일을 주관하시고 이루시는 섭리자이시다. 그러므로 우리는 어려운 일이 있을 때마다 기도의 골방으로 들어가 하나님께 간절히 기도하고 성경책을 펼쳐 놓고 하나님의 음성을 사모해야 한다.

둘째로, 대적자들이 침공해 오려고 계획하고 있었을 때 느헤미야는 방비를 하면서 일하였다(9, 16-17, 22-23절). 우리는 요행이나 기적을 바라며 자기가 해야 할 일들에 게으르지 말고 자기가 해야 할 바가 있으면, 그것이 무엇이든지, 최선을 다해 하려고 해야 한다. 기적을 구하는 것은 성도의 바른 생활방식이 아니다. 우리는 섭리자 하나님께 모든 일들을 맡기는 동시에 사람 편에서 해야 할 일들을 다해야 한다.

셋째로, 느헤미야와 유다 백성들은 한 손으로 일을 하며 한 손에는 병기를 잡아서 방어와 성곽 공사를 동시에 했고 그들이 하나님의 뜻이라고 확신하는 일을 중단하거나 포기하지 않고 완수하였다. 어떤 이가 예수께 헤롯이 당신을 죽이려 한다고 말했을 때, 그는 "오늘과 내일 내가 귀신을 쫓아내며 병을 낫게 하다가 제3일에는 완전하여지리라 하라. 그러나 오늘과 내일과 모레는 내가 갈 길을 가야 하리라"고 말씀하셨다(눅 13:31-33). 바울은 에베소 장로들에게 "성령이 각 성에서 내게 증거하여 결박과 환난이 나를 기다린다 하시나 나의 달려갈 길과 주 예수께 받은 사명 곧 하나님의 은혜의 복음 증거하는 일을 마치려 함에는 나의 생명을 조금도 귀한 것으로 여기지 아니하노라"고 말했다(행 20:23-24). 우리는 믿음에 굳게 서서 주의 일들을 완수해야 한다(고전 15:58).

5장: 느헤미야의 선한 통치

〔1-5절〕 때에 백성이 그 아내와 함께 크게 부르짖어 그 형제 유다 사람을 원망하는데 혹은 말하기를 우리와 우리 자녀가 많으니 곡식을 얻어먹고 살아야 하겠다 하고 혹은 말하기를 우리의 밭과 포도원과 집이라도 전당 잡히고 이 흉년을 위하여 곡식을 얻자 하고 혹은 말하기를 우리는 밭과 포도원으로 돈을 빚내어 세금을 바쳤도다. 우리 육체도 우리 형제의 육체와 같고 우리 자녀도 저희 자녀 같거늘 이제 우리 자녀를 종으로 파는도다. 우리 딸 중에 벌써 종된 자가 있으나 우리의 밭과 포도원이 이미 남의 것이 되었으니 속량할 힘이 없도다.

유다 백성들의 삶은 유여하지 못하였다. 유다 땅에는 흉년이 들었던 것 같고 그들의 식생활에는 궁핍함이 있었고 심지어 밭과 포도원과 집을 저당 잡히고 돈을 빌려 곡식을 사야 하였고 빚을 내어 세금을 내어야 했고, 자녀들을 종으로 팔기도 하였다. 그런데 유다의 귀인들과 관원들은 대부업으로 돈을 벌고 있었다. 이것은 좋은 일이 아니었다. 그러므로 유다 백성들의 고통과 원망과 탄식은 심히 컸다.

〔6-10절〕 내가 백성의 부르짖음과 이런 말을 듣고 크게 노하여 중심에 계획하고 귀인과 민장[관리들]을 꾸짖어 이르기를 너희가 각기 형제에게 취리(取利)(나솨 נָשָׁא)[고리대금]를 하는도다 하고 대회를 열고 저희를 쳐서 이르기를 우리는 이방인의 손에 팔린 우리 형제 유다 사람들을 우리의 힘을 다하여 속량하였거늘 너희는 너희 형제를 팔고자 하느냐? 더구나 우리의 손에 팔리게 하겠느냐 하매 저희가 잠잠하여 말이 없기로 내가 또 이르기를 너희의 소위[행하는 배]가 좋지 못하도다. 우리 대적 이방 사람의 비방을 생각하고 우리 하나님을 경외함에 행할 것이 아니냐? 나와 내 형제와 종자들[부하들]도 역시 돈과 곡식을 백성에게 취하여 주나니[빌려주고 있나니] 우리가 그 이식 받기를 그치자.

느헤미야는 백성의 부르짖음과 이런 말을 듣고 크게 노했다. 왜냐하면 그것은 하나님의 율법에 가르친 바와 거리가 멀었기 때문이었다. 율법은 동족에게 돈을 빌려줄 수는 있어도 이자를 받지는 말라고 명하였다. 출애굽기 22:25-26, "네가 만일 너와 함께한 나의 백성 중 가난한 자에게 돈을 꾸이거든[빌려주거든] 너는 그에게 채주(債主)같이 하지 말며 변리[이자]를 받지 말 것이며 네가 만일 이웃의 옷을 전당잡거든 해가 지기 전에 그에게 돌려보내라." 레위기 25:36-37, "너는 그에게 이식[이자]을 취하지 말고 네 하나님을 경외하여 네 형제로 너와 함께 생활하게 할 것인즉 너는 그에게 이식[이자]을 위하여 돈을 꾸이지[빌려주지] 말고 이익을 위하여 식물을 꾸이지[빌려주지] 말라." 시편 15:5, "[주의 장막에 유할 자는] 변리로 대금치 아니하며[이자를 받고 돈을 빌려주지 아니하며]."

그러므로 느헤미야는 마음에 계획하고 귀인과 관원들을 꾸짖었다. 동족 유다인들에게 이자를 받기 위해 돈을 빌려주는 행위는 좋지 못하였다. 그것은 율법을 어기는 죄악된 행위이었다. 그들이 하나님을 경외한다면 그런 행위를 즉시 중단해야 하였다. 그러므로 느헤미야는 귀인들과 관원들에게 그 일을 그치자고 권했다. 자기와 자기 형제들과 자기 사람들을 포함하여 모두가 다 그런 일을 중지하자고 하였다. 또 그는 그것이 하나님을 경외함으로 행하는 것이라고 말하였다. 하나님을 경외하는 자는 그의 계명을 지킬 것이다. 그의 계명은 이웃을 사랑하라는 것이요 그것은 가난한 자들을 구제하는 것을 포함한다. 잠언 14:31은, "가난한 사람을 학대하는 자는 그를 지으신 이를 멸시하는 자요 궁핍한 사람을 불쌍히 여기는 자는 주를 존경하는 자니라"라고 말하였다. 신약성경도 진리 안에서 행하는 것을 장려하는데(요이 4; 요삼 3-4) 그것은 서로 사랑하는 것을 의미한다.

[11-13절] 그런즉 너희는 오늘이라도 그 밭과 포도원과 감람원과 집이며 취한 바 돈이나 곡식이나 새 포도주나 기름의 백분지 일을 돌려보내라 하였더니 저희가 말하기를 우리가 당신의 말씀대로 행하여 돌려보내고 아무것도 요구하지 아니하리이다 하기로 내가 제사장들을 불러 저희에게 그

말대로 행하리라는 맹세를 시키게 하고 내가 옷자락을 떨치며 이르기를 이 말대로 행치 아니하는 자는 하나님이 또한 이와 같이 그 집과 산업에서 떨치실지니 저는 곧 이렇게 떨쳐져 빌지로대[빈손이 될지로대] 하매 회중이 다 아멘 하고 여호와를 찬송하고 백성들이 그 말한 대로 행하였느니라.

하나님께서는 느헤미야에게 선한 생각과 소원을 주셨고 느헤미야의 선한 생각은 유다 땅에 그대로 실현되었다. 백성들의 고통과 탄식은 그쳤을 것이다. 유다 땅은 있는 자와 없는 자가 더불어 살 수 있는 땅이 되었다. 비록 이 세상에서 가난한 자와 부자가 섞여 살고 있지만, 부자들이 자기들의 이익만 구하는 이기적 욕심을 버리고 가난한 자들을 배려하고 함께 살 수 있는 길을 구하는 것이 하나님의 뜻이다. 그것이 율법에 밝히 명령된 하나님의 뜻이다. 그러나 그것은 부자들과 가진 자들이 자발적으로 행해야 할 선한 삶이다.

〔14-19절〕 내가 유다 땅 총독으로 세움을 받은 때 곧 아닥사스다 왕 20년부터 32년까지 12년 동안은 나와 내 형제가 총독의 녹[합법적 봉급]을 먹지 아니하였느니라. 이전 총독들은 백성에게 토색하여[무거운 짐을 지워] 양식과 포도주와 또 은 40세겔을 취하였고 그 종자들도 백성을 압제하였으나 나는 하나님을 경외하므로 이같이 행치 아니하고 도리어 이 성 역사에 힘을 다하며 땅을 사지 아니하였고 나의 모든 종자도 모여서 역사를 하였으며 또 내 상에는 유다 사람들과 민장들[관리들] 1백 50인이 있고 그 외에도 우리 사면 이방인 중에서 우리에게 나아온 자들이 있었는데 매일 나를 위하여 소 하나와 살진 양 여섯을 준비하며 닭(치포림 צִפֳּרִים)[새들, 가금류]도 많이 준비하고 열흘에 한 번씩온 각종 포도주를 갖추었나니 비록 이같이 하였을지라도 내가 총독의 녹을 요구하지 아니하였음은 백성의 부역[짐]이 중함이니라. 내 하나님이여, 내가 이 백성을 위하여 행한 모든 일을 생각하시고 내게 은혜를 베푸시옵소서[복을 주시옵소서].

느헤미야는 유다 땅 총독으로 봉직한 12년 동안(주전 445-433년경) 그와 그의 형제들이 총독의 봉급을 받지 않았고 백성을 압제하지 않았고 솔선해 예루살렘 중건을 위해 일하였고 개인의 재산 증식에 힘쓰지 않았다.

느헤미야 5장: 느헤미야의 선한 통치

　본장의 교훈을 정리해보자. 첫째로, 유다의 귀인들과 관원들은 동족 유다인들에게 돈을 빌려주고 이자를 받았고 그로 인해 가난한 유다인들은 더 가난해졌다. 그것은 부자들의 이기적 탐심의 문제이었다. 이기적 탐심은 이웃 사랑, 형제 사랑의 법에 반대된다. 그것은 하나님의 뜻과 율법의 규정에 반대된다. 부자들은 더 가지지 않아도 이미 가진 것만으로도 잘 살 수 있다. 그러므로 그들은 가난한 이웃을 위해 이자를 받지 않고 돈을 빌려주거나 아니면 그냥 구제해야 했다. 그러나 그들은 이자를 받았다. 그것은 하나님 앞에서 율법을 어기는 죄악된 일이었다. 그러므로 느헤미야는 귀인들과 관원들을 책망하였고 이자 받는 일을 그치라고 권했다. 돈을 사랑함, 부하려는 마음, 그것은 이기적 탐심이다. 우리는 그 이기적 탐심을 버려야 한다. 우리는 이 세상 사는 동안 먹을 것과 입을 것이 있으면 만족하며 살 줄 알아야 한다(딤전 6:7-8).

　둘째로, 하나님을 경외한 느헤미야는 백성의 경제적 짐을 덜어주기 위해 총독의 합법적 봉급을 받지 않았고 솔선하여 성곽 건립의 일에 힘썼고 개인 재산의 증식을 위해 땅을 구입하지 않았다(9, 14, 15-16절). 하나님을 경외하는 것은 이웃을 사랑하고 가난한 자를 배려하고 구제하는 선행으로 나타난다. 주께서는 그를 믿고 구원받은 자들이 선한 삶을 실천해야 할 것을 교훈하셨다. 마태복음 25:37-40, "의인들이 대답하여 가로되 주여, 우리가 어느 때에 주의 주리신 것을 보고 공궤하였으며 목마르신 것을 보고 마시게 하였나이까? 어느 때에 나그네 되신 것을 보고 영접하였으며 벗으신 것을 보고 옷 입혔나이까? 어느 때에 병드신 것이나 옥에 갇히신 것을 보고 가서 뵈었나이까 하리니 임금이 대답하여 가라사대 내가 진실로 너희에게 이르노니 너희가 여기 내 형제 중에 지극히 작은 자 하나에게 한 것이 곧 내게 한 것이니라." 바울도 디모데에게 "[네가 부자들을 명하여] 선한 일을 행하고 선한 사업에 부하고 나눠주기를 좋아하며 동정하는 자가 되게 하라"고 말하였다(딤전 6:17-18). 우리는 하나님을 경외함으로 선을 행하는 자가 되어야 한다.

6장: 산발랏의 음모

〔1-9절〕 산발랏과 도비야와 아라비아 사람 게셈과 그 나머지 우리의 대적이 내가 성을 건축하여 그 퇴락한 곳을 남기지 아니하였다 함을 들었는데 내가 아직 성문에 문짝을 달지 못한 때라. 산발랏과 게셈이 내게 보내어 이르기를 오라, 우리가 오노 평지 한 촌에서 서로 만나자 하니 실상은 나를 해코자 함이라. 내가 곧 저희에게 사자들을 보내어 이르기를 내가 이제 큰 역사[일]를 하니 내려가지 못하겠노라. 어찌하여 역사[일]를 떠나 정지하게 하고 너희에게로 내려가겠느냐 하매 저희가 네 번이나 이같이 내게 보내되 나는 여전히 대답하였더니 산발랏이 다섯 번째는 그 종자의 손에 봉하지 않은 편지를 들려 내게 보내었는데 그 글에 이르기를 이방 중에도 소문이 있고 가스무(גַשְׁמוּ)[아마 '게셈(גֶשֶׁם)'](NIV)도 말하기를 네가 유다 사람들로 더불어 모반하려 하여 성을 건축한다 하나니 네가 그 말과 같이 왕이 되려 하는도다. 또 네가 선지자[들]를 세워 예루살렘에서 너를 들어 선전하기를 유다에 왕이 있다 하게 하였으니 이 말이 왕에게 들릴지라. 그런즉 너는 이제 오라. 함께 의논하자 하였기로 내가 보내어 저에게 이르기를 너의 말한 바 이런 일은 없는 일이요 네 마음에서 지어낸 것이라 하였나니 이는 저희가 다 우리를 두렵게 하고자 하여 말하기를 저희 손이 피곤하여 역사를 정지하고 이루지 못하리라 함이라. 이제 내 손을 힘있게 하옵소서 하였노라.

느헤미야에 의해 시작된 예루살렘 성곽 공사는 산발랏과 도비야와 게셈 등의 반대를 받았다. 느헤미야는 처음부터 그들과 상대할 마음이 없었다. 그들은 하나님을 참으로 경외하는 자들이 아니었기 때문이다. 그는 그런 자들을 상대하느라고 하나님의 일을 중단할 수 없었다. 그는 성곽 건축에 대한 하나님의 뜻을 확신했기 때문이다.

대적자들은 다섯 번이나 느헤미야에게 편지를 보내어 와서 함께 의논하자고 말했다. 대적자들은 느헤미야에 대한 거짓 소문을 퍼뜨렸다. 그들은 느헤미야가 유다 사람들과 함께 모반하려고 성을 건축하며 그 성의 왕이 되려 하고 선지자들을 세워 유다에 왕이 있다고 선전한다고 거짓말을 했다. 대적자들의 목적은 느헤미야와 그 동료들을 두렵게 하고 피곤케 하여 그들로 성곽 중건을 중단하고 이루지 못하게 하려 함이었다. 이것은 마귀와 그의 종들의 하는 모든 활동의 목표이다. 그들은 하나님의 종들과 성도들이 믿음으로 행하는 선한 일을 하지 못하게 가로막는다. 그러나 느헤미야는 단호하게 대처하였고 또 하나님을 의지하며 기도하였다. 그는 하나님께 "이제 내 손을 힘있게 하옵소서"라고 기도하였다. 기도는 성도의 힘이다.

〔10-14절〕 이 후에 므헤다벨의 손자 들라야의 아들 스마야가 두문불출하기로 내가 그 집에 가니 저가 이르기를 저희가 너를 죽이러 올 터이니 우리가 하나님의 전으로 가서 외소(헤칼 הֵיכָל)[성전] 안에 있고 그 문을 닫자. 저희가 필연 밤에 와서 너를 죽이리라 하기로 내가 이르기를 나 같은 자가 어찌 도망하며 나 같은 몸이면 누가 외소에 들어가서 생명을 보존하겠느냐? 나는 들어가지 않겠노라 하고 깨달은즉 저는 하나님의 보내신 바가 아니라. 도비야와 산발랏에게 뇌물을 받고 내게 이런 예언을 함이라. 저희가 뇌물을 준 까닭은 나를 두렵게 하고 이렇게 함으로 범죄하게 하고 악한 말을 지어 나를 비방하려 함이었느니라. 내 하나님이여, 도비야와 산발랏과 여선지 노아댜와 그 남은 선지자들 무릇 나를 두렵게 하고자 한 자의 소위를 기억하옵소서 하였노라.

스마야는 느헤미야에게 거짓 예언을 했다. 그는 하나님의 보내신 선지자가 아니었고 도비야와 산발랏에게 뇌물을 받고 거짓을 예언한 것이었다. 그들이 뇌물을 준 까닭은 그를 두렵게 하고 범죄하게 함으로써 악한 말을 지어 그를 비방하려 함이었다. 유다 땅에는 그 외에도 여선지 노아댜와 그 남은 선지자들이 있었는데 그들도 악한 자들이었다. 그러나 느헤미야는 하나님의 일을 위해 자신을 드렸고 자신을 크게 여기거나 자기 몸을 중시하지 않았다. 하나님을 믿는 자는 자기의 목숨에 연연하지 않는다. 왜냐하면 하나님께서 그의 종들과 백성을 끝까지 지키시고 천국으로 인도하실 것이기 때문이다. 느헤미야는 대적자들의 악한 계획에 대해 하나님께 기도하였다. 성도가 어려운 문제들을 극복하고 해결하는 방법은 하나님을 의지하고 그에게 기도하는 것이다. 우리가 하나님을 경외하고 그에게 충성하려 할 때, 하나님께서는 그의 놀라운 섭리로 우리를 범죄치 않도록 지켜주시고 악한 자들의 올무와 비방에서도 건져주신다(시 25:15).

〔15-19절〕 성 역사가 52일 만에 엘룰월(6월) 25일에 끝나매 우리 모든 대적과 사면 이방 사람들이 이를 듣고 다 두려워하여 스스로 낙담하였으니 이는 이 역사를 우리 하나님이 이루신 것을 앎이니라. 그때에 유다의 귀인들이 여러 번 도비야에게 편지하였고 도비야의 편지도 저희에게 이르렀으니 도비야는 아라의 아들 스가냐의 사위가 되었고 도비야의 아들 여호하난도 베레갸의 아들 므술람의 딸을 취하였으므로 유다에서 저와 동맹한 자가 많음이라. 저희들이 도비야의 선행을 내 앞에 말하고 또 나의 말도 저에게 전하매 도비야가 항상 내게 편지하여 나를 두렵게 하고자 하였느니라.

예루살렘 성곽 중건 공사는 하나님의 은혜로 52일 만에 끝났다.

본장의 교훈을 정리해보자. 첫째로, 대적자들이 느헤미야와 그 동료들을 두렵게 하려 하였으나(9, 13, 14, 19절), 느헤미야는 하나님을 의지하고 기도하며 그들을 두려워하지 않았다. 우리는 우리의 대적자들을 두려워하지 말고 하나님을 의지하고 기도해야 한다. 하나님께서 지켜주시고 막아주시고 도와주실 때, 우리는 대적자들을 이길 수 있다.

둘째로, 느헤미야는 자기 목숨을 지키려고 성전에 들어가 숨었다면 범죄하게 되고 사람들의 비방을 받았을 것이나 하나님의 은혜로 그것을 잘 피하였다. 느헤미아는 자기를 그게 어기지 않았고 자기익 목숨도 크게 여기지 않았다. 우리는 어떤 상황에서도 우리 자신이나 우리 목숨을 크게 여기지 말고 또 비난받을 죄를 짓지 않도록 조심해야 한다.

셋째로, 느헤미야는 대적자들과 상대하지 않았고 오직 성곽 건축에 전념하였다. 그는 하나님께서 맡겨주신 예루살렘 성곽 건축의 임무를 위해 충성하였다. 예루살렘 성곽 건축은 52일 만에 완수되었다. 우리는 하나님께서 우리에게 맡겨주신 일들에만 전념하고 충성해야 한다.

7장: 예루살렘에 돌아온 자들의 수

〔1-4절〕 성이 건축되매 문짝을 달고 문지기와 노래하는 자들과 레위 사람들을 세운 후에 내 아우 하나니와 영문의 관원(사르 합비라 שַׂר הַבִּירָה)['관저의 관원'(KJV), '요새의 사령관'(NASB, NIV)] 하나냐로 함께 예루살렘을 다스리게 하였는데 하나냐는 위인(爲人)[사람됨]이 충성되어 하나님을 경외함이 무리에서 뛰어난 자라. 내가 저희에게 이르기를 해가 높이 뜨기 전에는 예루살렘 성문을 열지 말고 아직 파수할 때에 곧 문을 닫고 빗장을 지르며 또 예루살렘 거민으로 각각 반차를 따라 파수하되 자기 집 맞은편을(이쉬 베미쉬마로 웨이쉬 네게드 베소 אִישׁ בְּמִשְׁמָרוֹ וְאִישׁ נֶגֶד בֵּיתוֹ)[각자 자기 파수 위치에서와 각자 자기 집 앞에서] 지키게 하라 하였노니 그 성은 광대하고 거민은 희소하여 가옥을 오히려 건축하지 못하였음이니라.

하나냐는 사람됨이 충성되었다. 사람은 하나님을 경외해야 참으로 인격적이고 도덕적인 사람이 될 수 있다. 예루살렘에 사는 사람들은 각자 자기의 맡은 파수 위치에서 파수했고 또 각 사람은 자기 집을 파수했다. 그렇게 한 까닭은 그 성이 광대하고 거민이 희소하여 예루살렘성에 거주하기로 한 자들의 가옥을 아직 건축하지 못했기 때문이었다. 모두가 다 예루살렘성 파수하는 일에 협력하였다.

〔5-7절〕 내 하나님이 내 마음을 감동하사 귀인들과 민장[관리들]과 백성을 모아 그 보계[족보책]대로 계수하게 하신 고로 내가 처음으로 돌아온 자의 보계[족보]를 얻었는데 거기 기록한 것을 보면 옛적에 바벨론 왕 느부갓네살에게 사로잡혀 갔던 자 중에서 놓임을 받고 예루살렘과 유다로 돌아와 각기 본성에 이른 자 곧 스룹바벨과 예수아와 느헤미야와 아사랴와 라아먀와 나하마니와 모르드개와 빌산과 미스베렛과 비그왜와 느훔과 바아나 등과 함께 나온 이스라엘 백성의 명수가 이러하니라.

느헤미야는 하나님의 감동 속에 귀인들과 관리들과 백성을 모아 그 족보대로 계수했는데, 그때 그는 바벨론에서 처음 돌아왔던 자들, 즉 스룹바벨과 예수아 등을 중심으로 돌아온 자들의 족보를 얻었다.

그것은 느헤미야 때로부터 약 92년 전의 일이었다. (스룹바벨 귀환--주전 537년경, 성전 재건--주전 517년경, 에스더 사건--주전 473년경, 에스라 귀환--주전 457년경, 느헤미야 귀환--주전 445년경.)

〔8-38절〕 바로스 자손이 2,172명이요 스바댜 자손이 372명이요 아라 자손이 652명이요 바핫모압 자손 곧 예수아와 요압 자손이 2,818명이요 엘람 자손이 2,254명이요 삿두 자손이 845명이요 삭개 자손이 760명이요 빈누이 자손이 648명이요 브배 자손이 628명이요 아스갓 자손이 2,322명이요 아도니감 자손이 667명이요 비그왜 자손이 2,067명이요 아딘 자손이 655명이요 아델 자손 곧 히스기야 자손이 98명이요 하숨 자손이 328명이요 베새 자손이 324명이요 하립 자손이 112명이요 기브온 사람이 95명이요 베들레헴과 느도바 사람이 188명이요 아나돗 사람이 228명이요 벧아스마웻 사람이 42명이요 기랏여아림과 그비라와 브에롯 사람이 743명이요 라마와 게바 사람이 621명이요 믹마스 사람이 222명이요 벧엘과 아이 사람이 123명이요 기타 느보 사람이 52명이요 기타 엘람 자손이 1,254명이요 하림 자손이 320명이요 여리고 자손이 345명이요 로드와 하딧과 오노 자손이 721명이요 스나아 자손이 3,930명이었느니라.

〔39-42절〕 제사장들은 예수아의 집 여다야 자손이 973명이요 임멜 자손이 1,052명이요 바스훌 자손이 1,247명이요 하림 자손이 1,017명이었느니라.

〔43-45절〕 레위 사람들은 호드야 자손 곧 예수아와 갓미엘 자손이 74명이요 노래하는 자들은 아삽 자손이 148명이요 문지기들은 살룸 자손과 아델 자손과 달문 자손과 악굽 자손과 하디다 자손과 소배 자손이 모두 138명이었느니라.

〔46-60절〕 느디님 사람들은 시하 자손과 하수바 자손과 답바옷 자손과 게로스 자손과 시아 자손과 바돈 자손과 르바나 자손과 하가바 자손과 살매 자손과 하난 자손과 깃델 자손과 가할 자손과 르아야 자손과 르신 자손과 느고다 자손과 갓삼 자손과 웃사 자손과 바세아 자손과 베새 자손과 므우님 자손과 느비스심 자손과 박북 자손과 하그바 자손과 할훌 자손과 바슬릿 자

손과 므히다 자손과 하르사 자손과 바르고스 자손과 시스라 자손과 데마 자손과 느시야 자손과 하디바 자손이었느니라. 솔로몬의 신복의 자손은 소대 자손과 소베렛 자손과 브리다 자손과 야알라 자손과 다르곤 자손과 깃델 자손과 스바댜 자손과 핫딜 자손과 보게렛하스바임 자손과 아몬 자손이니 모든 느디님 사람과 솔로몬의 신복의 자손이 392명이었느니라.

〔61-65절〕 델멜라와 델하르사와 그룹과 앗돈과 임멜로부터 올라온 자가 있으나 그 종족과 보계[족보]가 이스라엘에 속하였는지는 증거할 수 없으니 저희는 들라야 자손과 도비야 자손과 느고다 자손이라. 도합이 642명이요 제사장 중에는 호바야 자손과 학고스 자손과 바르실래 자손이니 바르실래는 길르앗 사람 바르실래의 딸 중에 하나로 아내를 삼고 바르실래의 이름으로 이름한 자라. 이 사람들이 보계[족보] 중에서 자기 이름을 찾아도 얻지 못한 고로 저희를 부정하게 여겨 제사장의 직분을 행치 못하게 하고 방백[총독]이 저희에게 명하여 우림과 둠밈을 가진 제사장이 일어나기 전에는 지성물을 먹지 말라 하였느니라.

〔66-69절〕 온 회중의 합계가 42,360명이요 그 외에 노비가 7,337명이요 노래하는 남녀가 245명이요 말이 736이요 노새가 245요 약대가 435요 나귀가 6,720이었느니라.

〔70-73절〕 어떤 족장들은 역사[일]를 위하여 보조하였고 방백[총독]은 금 1천 다릭과 대접 50과 제사장의 의복 530벌을 보물 곳간에 드렸고 또 어떤 족장들은 금 2만 다릭5)과 은 2,200마네6)를 역사 곳간에 드렸고 그 나머지 백성은 금 2만 다릭과 은 2천 마네와 제사장의 의복 67벌을 드렸느니라. 이와 같이 제사장들과 레위 사람들과 문지기들과 노래하는 자들과 백성 몇 명과 느디님 사람들과 온 이스라엘이 다 그 본성에 거하였느니라.

본장 8-73절에 기록된 족보들과 그 수효는 에스라 2:1-70의 것과 비슷하다. 숫자상의 차이는 분류 방법의 차이 때문이었을 것이다. 그러나 돌아온 자들의 총합계는 42,360명으로 동일하다(스 2:64).

---

5) 1다릭은 약 130그레인=약 8.5그램. (1grain은 밀 한 알갱이의 무게.)
6) 1마네는 약 500그램.

느헤미야 7장: 예루살렘에 돌아온 자들의 수

본장의 교훈을 정리해보자. 첫째로, 느헤미야는 그의 동생 하나니와 영문의 관원(혹은, '관저의 관원' 또는 '요새의 사령관') 하나냐로 예루살렘을 다스리게 하였다. 느헤미야의 동생 하나니는 처음에 예루살렘을 방문한 후 그 황폐한 소식을 형에게 전해주어서 느헤미야가 울며 금식하고 기도하게 하였던 인물이다. 그도 형과 같이 경건하였던 것 같다. 또 하나냐는 특히 그 사람됨이 충성되었다. 그는 믿음이 있고 신실하였고 하나님을 경외함이 무리 중에서 뛰어난 자이었다. 그런 자들을 예루살렘성의 통치자로 세웠으니 참 잘한 일이었다. 사람이 하나님을 경외해야 악을 떠나게 된다(잠 16:6). 사도 바울은 교회의 장로의 첫 번째 자격요건으로 '책망할 것이 없음' 즉 신앙과 인격의 온전함을 들었다. 그것은 오늘날 배교와 타협과 혼돈의 시대에 분별력 가진 바른 믿음과, 온유하고 겸손하며 선하고 너그러운 품성을 포함한다. 오늘날 사회의 지도자들, 즉 대통령이나 국회의원이나 시장도 하나님을 두려워하고 정직하고 선하고 진실한 도덕성을 가진 인물이어야 바람직하다.

둘째로, 예루살렘 거민들은 협력하여 성을 파수하였고 특히 자기 집 앞을 파수하였다. 하나님의 일은 어느 한 사람이 할 수 있는 것이 아니다. 하나님께서는 우리 모두에게 각각 다른 은사를 주셨다. 우리는 각자 자신이 받은 재능과 은사와 직분을 따라 하나님 앞에 충성하고 또 서로 협력함으로 하나님의 뜻을 이루고 교회를 세우며 지켜야 할 것이다.

셋째로, 느헤미야는 하나님의 감동으로 처음 돌아온 자들의 명단을 얻었고 모든 백성은 각 지파와 족속을 따라 그 수효가 다 파악되었다. 에스라 2장과 느헤미야 7장이 그것인데 아마 분류 방법의 차이 때문에 숫자상의 차이가 있었지만, 총합계는 동일하였다. 인도자들은 백성을 잘 파악하고 관리해야 할 것이다. 오늘날도 교회의 직분자들, 특히 목사와 장로들은 바른 신앙고백을 하고 권징 아래 둘 만한 성도들을 잘 파악하고 관리해야 하며, 아직 구원을 받지 못했거나 구원의 확신을 갖지 못한 학습 교인과 원입 교인까지도 잘 파악하고 인도해야 할 것이다.

8장: 에스라가 율법책을 읽음

〔1-6절〕 이스라엘 자손이 그 본성에 거하였더니 7월에 이르러는 모든 백성이 일제히 수문(水門) 앞 광장에 모여 학사 에스라에게 여호와께서 이스라엘에게 명하신 모세의 율법책을 가지고 오기를 청하매 7월 1일에 제사장 에스라가 율법책을 가지고 남자, 여자 무릇 알아들을 만한 회중 앞에 이르러 수문 앞 광장에서 새벽부터 오정까지 남자, 여자 무릇 알아들을 만한 자의 앞에서 읽으매 뭇백성이 그 율법책에 귀를 기울였는데 때에 학사 에스라가 특별히 지은 나무 강단에 서매 그 우편에 선 자는 맛디댜와 스마와 아나야와 우리야와 힐기야와 마아세야요 그 좌편에 선 자는 브다야와 미사엘과 말기야와 하숨과 하스밧다나와 스가랴와 므술람이라. 학사 에스라가 모든 백성 위에 서서 저희 목전에 책을 펴니 책을 펼 때에 모든 백성이 일어서니라. 에스라가 광대[위대]하신 하나님 여호와를 송축하매 모든 백성이 손을 들고 아멘 아멘 응답하고 몸을 굽혀 얼굴을 땅에 대고 여호와께 경배하였느니라.

이스라엘 자손들은 7월 1일 나팔절에 수문 앞 광장에 모여서 학사 에스라에게 여호와의 율법 강론을 들었다. 남자, 여자, 무릇 알아들을 만한 회중이 모여 새벽부터 오정까지, 6시간 가량 율법에 귀를 기울였다. 그때 학사 에스라는 특별히 지은 나무 강단에 섰는데, 그 오른편에 여섯 명, 왼편에 일곱 명의 사람들이 함께 섰다. 에스라가 책을 펼 때 모든 백성이 일어선 것은 하나님의 말씀에 대한 경외심을 나타낸다. 에스라는 크신 하나님 여호와를 송축하였고 모든 백성은 손을 들고 아멘 아멘 응답하며 몸을 굽혀 얼굴을 땅에 대고 여호와께 경배하였다. '아멘'은 '참으로 그러하다'는 뜻이다.

〔7-12절〕 예수아와 바니와 세레뱌와 야민과 악굽과 사브대와 호디야와 마아세야와 그리다와 아사랴와 요사밧과 하난과 블라야와 레위 사람들이 다 그 처소에 섰는 백성에게 율법을[율법에서](원문, KJV, NASB) 깨닫게 하는데 하나님의 율법책[그 책, 곧 하나님의 율법에서]을 낭독하고 그 뜻을 해석하여(메포라쉬 מְפֹרָשׁ)[밝히며](BDB, KJV, NIV) 백성으로 그 낭독하는 것을 다

깨닫게 하매 백성이 율법의 말씀을 듣고 다 우는지라. 총독 느헤미야와 제사장 겸 학사 에스라와 백성을 가르치는 레위 사람들이 모든 백성에게 이르기를 오늘은 너희 하나님 여호와의 성일(聖日)이니 슬퍼하지 말며 울지 말라 하고 느헤미야가 또 이르기를 너희는 가서 살진 것을 먹고 단 것을 마시되 예비치 못한 자에게는 너희가 나누어 주라. 이 날은 우리 주의 성일(聖日)이니 근심하지 말라. 여호와를 기뻐하는 것이 너희의 힘이니라 하고 레위 사람들도 모든 백성을 정숙케 하여 이르기를 오늘은 성일(聖日)이니 마땅히 종용하고 근심하지 말라 하매 모든 백성이 곧 가서 먹고 마시며 나누어주고 크게 즐거워하였으니 이는 그 읽어 들린 말을 밝히 앎이니라.

제사장들과 레위 사람들은 다 그 처소에 섰는 백성을 위하여 하나님의 율법을 읽고 그 뜻을 해석하여 백성으로 그 읽는 것을 다 깨닫게 했다. 그들은 다 에스라의 사역을 도왔다. 백성들은 율법을 듣고 울었다. 총독 느헤미야와 에스라와 백성을 가르치는 레위 사람들은 모든 백성에게 "오늘은 너희 하나님 여호와의 성일(聖日)이니 슬퍼하지 말며 울지 말라"고 말했다. 느헤미야는 또 말했다. "너희는 가서 살진 것을 먹고 단 것을 마시되 예비치 못한 자에게는 너희가 나누어 주라. 이 날은 우리 주의 성일이니 근심하지 말라. 여호와를 기뻐하는 것이 너희의 힘이니라." 모든 백성은 들은 율법의 말씀을 밝히 깨닫고 곧 가서 먹고 마시며 나누어주고 크게 즐거워하였다.

〔13-18절〕 그 이튿날 뭇백성의 족장들과 제사장들과 레위 사람들이 율법의 말씀을 밝히 알고자 하여 학사 에스라의 곳에 모여서 율법책을 본즉 여호와께서 모세로 명하시기를 이스라엘 자손은 7월 절기에 초막에 거할지니라 하였고 또 일렀으되(레 23:40) 모든 성읍과 예루살렘에 공포하여 이르기를 너희는 산에 가서 감람나무 가지와 들 감람나무 가지와 화석류나무 가지와 종려나무 가지와 기타 무성한 나무 가지를 취하여 기록한 바를 따라 초막을 지으라 하라 하였는지라. 백성이 이에 나가서 나무 가지를 취하여 혹은 지붕 위에, 혹은 뜰 안에, 혹은 하나님의 전 뜰에, 혹은 수문 광장에, 혹은 에브라임 문 광장에 초막을 짓되 사로잡혔다가 돌아온 회 무리가 다 초막을 짓고 그 안에 거하니 눈의 아들 여호수아 때로부터 그 날까지 이스

라엘 자손이 이같이 행함이 없었으므로 이에 크게 즐거워하며 에스라는 첫 날부터 끝날까지 날마다 하나님의 율법책을 낭독하고 무리가 7일 동안 절기를 지키고 제8일에 규례를 따라 성회를 열었느니라.

이스라엘 백성의 족장들과 제사장들과 레위 사람들은 율법의 말씀에 명령된 대로 7월 절기에 초막을 지으며 초막절을 지켰다. 여호수아 때 이후 그렇게 절기를 지킨 적이 없었다. 에스라는 초막절 기간 동안 온 회중을 위하여 날마다 하나님의 율법책을 낭독하였다.

본장의 교훈을 정리해보자. 첫째로, 본장에는 원문에 '율법책'(1, 3, 18절), '율법'(2, 8, 14절), '책'(5, 8절)이라는 말이 여러 번 나온다. 하나님께서는 모세에게 특별계시들을 주신 후 그것들을 책에 기록하게 하셨었다(신 31:24). 하나님께서는 선지자들과 사도들을 통해 신구약 성경을 주셨다. 성경은 하나님의 감동으로 기록되었고 신앙생활의 정확무오한 유일의 규범이다(딤후 3:16; 계 22:18-19). 하나님께서는 기록된 하나님의 말씀인 성경을 주셨다. 우리는 성경을 주야로 읽고 묵상해야 한다.

둘째로, 이스라엘 백성은 7월 1일에 다 모여 에스라에게 성경 읽기를 요청했고 알아들을 만한 모든 남녀가 모였고 에스라가 책을 펼 때 일어섰고, 에스라는 새벽부터 오정까지 율법책을 읽었고(3절), 그가 하나님을 송축할 때 무리는 아멘 아멘으로 화답했고 몸을 굽혀 엎드려 하나님께 경배하였고, 레위인들은 백성 앞에서 율법책을 읽었고(8절) 그 읽은 내용을 이해하기 쉽게 해석하고 깨닫게 했고(8, 12절), 에스라는 초막절에도 날마다 율법책을 읽었다(18절). 오늘날에도 우리는 성경책을 개인적으로 뿐만 아니라, 교회적으로도 읽고 듣고 배우기를 사모해야 한다. 우리는 주일마다 성경책을 읽고 듣고 배우기를 사모해야 한다.

셋째로, 성경을 들을 때, 사람들은 울며 회개했고 또 기뻐했고 순종하였다(9절, 12절, 16-18절). 이것이 성경을 주신 하나님의 목적이다. 우리는 개인적으로나 교회적으로 성경을 읽고 듣고 배울 때 죄를 깨닫고 회개하고 큰 은혜와 기쁨을 얻고 또 말씀 순종함으로 큰복을 얻는다.

9장: 죄를 고백함

〔1-6절〕 그 달 24일에 이스라엘 자손이 다 모여 금식하며 굵은 베를 입고 티끌을 무릅쓰며 모든 이방 사람과 절교하고 서서 자기의 죄와 열조의 허물을 자복하고 이 날에 낮 4분지 1[3시간]은 그 처소에 서서 그 하나님 여호와의 율법책을[율법책에서] 낭독하고 낮 4분지 1[3시간]은 죄를 자복하며 그 하나님 여호와께 경배하는데 레위 사람 예수아와 바니와 갓미엘과 스바냐와 분니와 세레뱌와 바니와 그나니는 대에 올라서서 큰 소리로 그 하나님 여호와께 부르짖고 또 레위 사람 예수아와 갓미엘과 바니와 하삽느야와 세레뱌와 호디야와 스바냐와 브다히야는 이르기를 너희 무리는 마땅히 일어나 영원부터 영원까지 계신 너희 하나님 여호와를 송축할지어다. 주여, 주의 영화로운 이름을 송축하올 것은 주의 이름이 존귀하여 모든 송축이나 찬양에서 뛰어남이니이다. 오직 주는 여호와시라. 하늘과 하늘들의 하늘과 일월성신[해와 달과 별들]과 땅과 땅 위의 만물과 바다와 그 가운데 모든 것을 지으시고 다 보존하시오니 모든 천군이 주께 경배하나이다.

7월 24일(오늘 달력으로 10월 초쯤) 이스라엘 자손은 다 모여 금식하며 굵은 베를 입고 티끌을 무릅쓰며 모든 이방 사람들과 절교하고 서서 자기의 죄와 열조의 허물을 자복했고 낮 4분지 1 즉 3시간은 여호와의 율법책을 낭독했고 또 낮 4분지 1 즉 3시간은 죄를 자복하며 하나님께 경배했다. 레위 사람 여덟 명은 설교단에 올라서서 큰 소리로 하나님께 부르짖었고, 특히 예수아를 비롯한 레위 사람 여덟 명은 하나님을 찬송하며 아뢰었다. 그들은 하나님께서 창조자이시며 보존자이심을 고백했다. 그들은 여호와 하나님께서만 영원하신 참 하나님이시며 영원히 찬송을 받기에 합당하신 하나님이심을 고백했다.

〔7-8절〕 주는 하나님 여호와시라. 옛적에 아브람을 택하시고 갈대아 우르에서 인도하여 내시고 아브라함이라는 이름을 주시고 그 마음이 주 앞에서 충성됨을 보시고 더불어 언약을 세우사 가나안 족속과 헷 족속과 아모리 족속과 브리스 족속과 여부스 족속과 기르가스 족속의 땅을 그 씨에게 주리

라 하시더니 그 말씀대로 이루셨사오니 주는 의로우심이로소이다.

하나님께서는 아브라함을 택하시고 그를 충성되이 여겨 그와 언약을 맺으시고 가나안 땅을 주기로 약속하셨고 그 약속을 이루셨다.

〔9-12절〕 주께서 우리 열조가 애굽에서 고난받는 것을 감찰하시며 홍해에서 부르짖음을 들으시고 이적과 기사를 베푸사 바로와 그 모든 신하와 그 나라 온 백성을 치셨사오니 이는 저희가 우리의 열조에게 교만히 행함을 아셨음이라. 오늘날과 같이 명예를 얻으셨나이다. 주께서 또 우리 열조 앞에서 바다를 갈라지게 하시사 저희로 바다 가운데를 육지같이 통과하게 하시고 쫓아오는 자를 돌을 큰 물에 던짐같이 깊은 물에 던지시고 낮에는 구름기둥으로 인도하시고 밤에는 불기둥으로 그 행할 길을 비취셨사오며.

하나님께서는 이스라엘의 조상들이 애굽에서 고난받는 것을 보시고 이적과 기사로 그들을 건져내셨고 홍해에서도 그들을 건지셨고 그들을 쫓아오던 그 교만한 자들을 홍해에 빠뜨리셨고 구름기둥과 불기둥으로 그들을 인도하셨다. 그는 이 모든 일들을 행하셨다.

〔13-15a절〕 또 시내산에 강림하시고 하늘에서부터 저희와 말씀하사 정직한[올바른] 규례와 진정한(에메스 אֱמֶת)[진리의] 율법과 선한 율례와 계명을 저희에게 주시고 거룩한 안식일을 저희에게 알리시며 주의 종 모세로 계명과 율례와 율법을 저희에게 명하시고 저희의 주림을 인하여 하늘에서 양식을 주시며 저희의 목마름을 인하여 반석에서 물을 내시고.

하나님께서는 시내산에 강림하셔서 이스라엘 백성에게 친히 율법을 주셨다. 율법은 그가 하늘에서 친 음성으로 주신 권위 있는 말씀이었다. 그것은 올바른 규례이며 진리의 율법이며 선한 율례와 계명이었다. 하나님께서는 또 거룩한 안식일을 알리셨고 하늘에서 내린 양식인 만나와, 반석에서 나온 물을 주셨다.

〔15b-17〕 또 주께서 옛적에 손을 들어 맹세하시고 주마 하신 땅을 들어가서 차지하라 명하셨사오나 저희와 우리 열조가 교만히 하고 목을 굳게 하여 주의 명령을 듣지 아니하고 거역하며 주께서 저희 가운데 행하신 기사를 생각지 아니하고 목을 굳게 하며 패역하여 스스로 한 두목을 세우고 종 되

었던 땅으로 돌아가고자 하였사오나 오직 주는 사유하시는 하나님이시라. 은혜로우시며 긍휼히 여기시며 더디 노하시며 인자가 풍부하시므로 저희를 버리지 아니하셨나이다.

하나님께서는 가데스 바네아에서 이스라엘 백성에게 가나안 땅으로 들어가라고 명하셨으나, 이스라엘 백성은 교만하고 목을 굳게 하여 주의 명령을 듣지 않고 거역하고 도리어 애굽으로 돌아가려 했다. 그러나 하나님께서 그때 그들을 멸하지 않고 긍휼히 여기셨다.

〔18-21절〕 또 저희가 송아지를 부어만들고 이르기를 이는 곧 너희를 인도하여 애굽에서 나오게 하신 하나님이라 하여 크게 설만하게[노하게] 하였사오나 주께서는 연하여 [큰] 긍휼을 베푸사 저희를 광야에 버리지 아니하시고 낮에는 구름기둥으로 길을 인도하시며 밤에는 불기둥으로 그 행할 길을 비취사 떠나게 아니하셨사오며 또 주의 선한 신[선하신 성령](NASB, NIV)을 주사 저희를 가르치시며 주의 만나로 저희 입에 끊어지지 않게 하시고 저희의 목마름을 인하여 물을 주시사 40년 동안을 들에서 기르시되 결핍함이 없게 하시므로 그 옷이 해어지지 아니하였고 발이 부릍지 아니하였사오며.

하나님께서는 송아지 우상을 만든 이스라엘 백성을 멸하거나 광야에 버리지 않으셨고 구름기둥과 불기둥을 거두지 않으셨고 만나와 물의 공급을 중단치 않으셨다. 그것은 하나님의 큰 긍휼이었다. 이스라엘 백성은 40년 동안 옷이 해어지거나 발이 부르트지 않았다.

〔22-26절〕 또 나라들과 족속들을 저희에게 각각 나누어주시매 저희가 시혼의 땅 곧 헤스본 왕의 땅과 바산 왕 옥의 땅을 차지하였나이다. 주께서 그 자손을 하늘의 별같이 많게 하시고 전에 그 열조에게 명하사 들어가서 차지하라고 하신 땅으로 인도하여 이르게 하셨으므로 그 자손이 들어가서 땅을 차지하되 주께서 그 땅 가나안 거민으로 저희 앞에 복종케 하실 때에 가나안 사람과 그 왕들과 본토 여러 족속을 저희 손에 붙여 임의로 행하게 하시매 저희가 견고한 성들과 기름진 땅을 취하고 모든 아름다운 물건을 채운 집과 파서 만든 우물과 포도원과 감람원과 허다한 과목을 차지하여 배불리 먹어 살찌고 주의 큰 복을 즐겼사오나 저희가 오히려 순종치 아니하고 주를 거역하며 주의 율법을 등뒤에 두고 주께로 돌아오기를 권면하는 선지

자들을 죽여 크게 설만하게[모독적이게] 행하였나이다.

하나님께서는 요단강 동편 땅, 곧 헤스본 왕 시혼과 바산 왕 옥의 땅을 주셨고 또 요단강 서편의 가나안 거민들을 멸하시고 견고한 성들과 기름진 땅과 아름다운 물건들이 가득한 집들과 우물들과 포도원과 감람원을 주셨다. 그러나 이스라엘 백성은 하나님께 순종치 않고 율법을 등뒤에 두고 하나님의 선지자들을 죽이기까지 하였다.

〔27-31절〕 그러므로 주께서 그 대적의 손에 붙이사 곤고를 당하게 하시매 저희가 환난을 당하여 주께 부르짖을 때에 주께서 하늘에서 들으시고 크게 긍휼을 발하새[큰 긍휼을 따라] 구원자들을 주어 대적의 손에서 구원하셨거늘 저희가 평강을 얻은 후에 다시 주 앞에서 악을 행하므로 주께서 그 대적의 손에 버려 두사 대적에게 제어를 받게 하시다가 저희가 돌이켜서 주께 부르짖으매 주께서 하늘에서 들으시고 여러 번 긍휼을 발하사 건져내시고 다시 주의 율법을 복종하게 하시려고 경계하셨으나 저희가 교만히 행하여 사람이 준행하면 그 가운데서 삶을 얻는 주의 계명을 듣지 아니하며 주의 규례를 범하여 고집하는 어깨를 내어밀며 목을 굳게 하여 듣지 아니하였나이다. 그러나 주께서 여러 해 동안 용서하시고 또 선지자로 말미암아 주의 신으로 저희를 경계하시되 저희가 듣지 아니하므로 열방 사람의 손에 붙이시고도 주의 긍휼이 크시므로 저희를 아주 멸하지 아니하시며 버리지도 아니하셨사오니 주는 은혜로우시고 긍휼히 여기시는 하나님이심이니이다.

가나안 정착 후, 이스라엘 백성은 반복해 하나님을 떠났고 그의 앞에 범죄했고 하나님의 징책을 받았고 그들이 부르짖을 때에 구원자를 보내주셨다. 그들이 사사들이었다. 그러나 이스라엘 백성이 얼마나 교만하며 목을 굳게 하고 하나님의 말씀을 듣지 않았는지! 그러나 하나님께서는 여러 번 용서하셨고 크신 긍휼로 그들을 완전히 멸하지 않으셨다. 이스라엘 백성은 이제껏 하나님의 긍휼로 살아 왔다.

〔32-38절〕 우리 하나님이여, 광대하시고 능하시고 두려우시며 언약과 인자를 지키시는 하나님이여, 우리와 우리 열왕과 방백들과 제사장들과 선지자들과 열조와 주의 모든 백성이 앗수르 열왕의 때로부터 오늘날까지 당한 바 환난을 이제 작게 여기시지 마옵소서. 그러나 우리의 당한 모든 일에

주는 공의로우시니 우리는 악을 행하였사오나 주는 진실히 행하셨음[주께서 신실하게 행하셨으나 우리가 악을 행하였음]**이니이다. 우리 열왕과 방백들과 제사장들과 열조가 주의 율법을 지키지 아니하며 주의 명령과 주의 경계하신 말씀을 순종치 아니하고 저희가 그 나라와 주의 베푸신 큰 복과 자기 앞에 주신 넓고 기름진 땅을** 누리면서도 **주를 섬기지 아니하며 악행을 그치지 아니한 고로 우리가 오늘날 종이 되었삽는데 곧 주께서 우리 열조에게 주사 그 실과를 먹고 그 아름다운 소산을 누리게 하신 땅에서 종이 되었나이다. 우리의 죄로 인하여 주께서 우리 위에 세우신 이방 열왕이 이 땅의 많은 소산을 얻고 저희가 우리의 몸과 육축을 임의로 관할하오니 우리의 곤란이 심하오며 우리가 이 모든 일을 인하여 이제 견고한 언약을 세워 기록하고 우리의 방백들과 레위 사람들과 제사장들이 다 인을 치나이다 하였느니라.**

이스라엘 백성과 유다 백성은 마침내 앗수르 열왕과 바벨론 열왕으로부터 지금까지 많은 고난 가운데 살고 있다. 그러나 그것은 다 그들의 악행과 죄 때문이었다. 이제 그들은 그 사실을 깨닫고 하나님 앞에 회개하며 고백하며 바르게 살기를 다시 한번 결심하는 것이다.

본장의 교훈을 정리해보자. 첫째로, <u>이스라엘 백성은 하나님을 바르게 섬기지 못하였다.</u> 그러나 우리는 온 세상을 창조하셨고 보존하시고 자기 백성을 구원하시고 섭리하시는 유일하신 하나님, 영원히 찬송을 받으시기에 합당하신 하나님을 바로 알고 바르게 섬겨야 한다.

<u>둘째로, 이스라엘 나라의 역사는 교만과 불순종의 역사이었다.</u> 우리는 이스라엘의 역사와 우리의 삶을 통해 깨닫는 인간의 뿌리깊은 죄성과 고난의 이유를 알고 오직 하나님의 은혜와 성령의 도우심에 의지하여 우리의 교만과 불순종의 성질을 다 꺾고 죽이고 불태워 버려야 한다.

<u>셋째로, 이스라엘 백성은 오직 하나님의 긍휼로 살고 있다.</u> 우리도 하나님의 크신 긍휼과 주 예수 그리스도의 대속(代贖) 안에서 죄사함과 의롭다 하심과 새 생명을 얻었다. 그러나 우리의 성화는 심히 부족하다. 그러므로 우리는 하나님의 긍휼과 주 예수 그리스도의 의(義)만 의지하고 성령의 도우심으로 날마다 거룩하고 선한 삶을 실천해야 한다.

10장: 백성들의 언약

〔1-27절〕 그 인친 자는 하가랴의 아들 방백 느헤미야와 시드기야, 스라야, 아사랴, 예레미야, 바스훌, 아마랴, 말기야, 핫두스, 스바냐, 말룩, 하림, 므레못, 오바댜, 다니엘, 긴느돈, 바룩, 므술람, 아비야, 미야민, 마아시야, 빌개, 스마야니 이는 다 제사장이요, 또 레위 사람 곧 아사냐의 아들 예수아, 헤나닷의 자손 중 빈누이, 갓미엘과 그 형제 스바냐, 호디야, 그리다, 블라야, 하난, 미가, 르홉, 하사뱌, 삭굴, 세레뱌, 스바냐, 호디야, 바니, 브니누요, 또 백성의 두목들 곧 바로스, 바핫모압, 엘람, 삿두, 바니, 분니, 아스갓, 베배, 아도니야, 비그왜, 아딘, 아델, 히스기야, 앗술, 호디야, 하숨, 베새, 하립, 아나돗, 노배, 막비아스, 므술람, 헤실, 므세사벨, 사독, 얏두아, 블라댜, 하난, 아나야, 호세아, 하나냐, 핫숩, 할르헤스, 빌하, 소벡, 르훔, 하삽나, 마아세야, 아히야, 하난, 아난, 말룩, 하림, 바아나이었느니라.

1-27절은 하나님 앞에 서약하고 도장을 친 자들 중 대표적 인물들의 명단을 기록하였다. 그들은 느헤미야와, 제사장들 22명과 레위인들 17명과 백성의 지도자들 44명, 모두 84명이었다. 도장을 친 레위인들 중에는 앞장에서 백성을 대표하여 회개의 기도와 찬송을 올렸던 자들인 예수아, 갓미엘, 바니 등이 포함되어 있다.

〔28-31절〕 그 남은 백성과 제사장들과 레위 사람들과 문지기들과 노래하는 자들과 느디님 사람들과 및 이방 사람과 절교하고 하나님의 율법을 준행하는 모든 자와 그 아내와 그 자녀들 무릇 지식과 총명이 있는 자가 다 그 형제 귀인들을 좇아 저주로 맹세하기를 우리가 하나님의 종 모세로 주신 하나님의 율법을 좇아 우리 주 여호와의 모든 계명과 규례와 율례를 지켜 우리 딸은 이 땅 백성에게 주지 아니하고 우리 아들을 위하여 저희 딸을 데려오지 아니하며 혹시 이 땅 백성이 안식일에 물화나 식물을 가져다가 팔려 할지라도 우리가 안식일이나 성일에는 사지 않겠고 제7년마다 땅을 쉬게 하고 모든 빚을 탕감하리라 하였고.

앞에 기록된 84명뿐 아니라, 그 외의 많은 백성과 제사장들과 레위인들과 문지기들과 노래하는 자들과 느디님 사람들 곧 성전의 종들, 그리고 이방 사람과 절교하고 하나님의 율법을 준행하는 모든 사람과 그 아내들과 그 자녀들이 그 지도자들을 따라서 모세의 율법 곧 하나님의 율법과 계명과 규례와 율례를 다 지키기로 맹세하였다.

특히 그들이 지키기로 맹세한 것들은 첫째로, 이방인들과 연혼하지 않겠다는 것이었다. 그들은 그들의 딸들을 이방인들에게 주지 않고 그들의 아들들을 위해 이방인 딸들을 데려오지도 않겠다고 서약하였다. 이것은 경건의 상실 혹은 부패와 변질을 방지하기 위해 중요한 일이었다. 그들이 경건을 잃어버리면 그들은 우상숭배에 떨어질 것이다. 오늘날도 신자는 세상 결혼, 불신 결혼을 피해야 하고 믿지 않는 자들과는 친밀한 교제를 하지 말아야 한다. 또 동창회나 직장 동료들 등 세상 친구들과 너무 친근히 지내지 않는 것이 좋다.

둘째로, 그들은 안식일과 성일에 물건을 사지 않겠다고 서약하였다. 안식일을 거룩하게 지키는 것은 하나님을 기억하고 섬기며 경건의 훈련을 받음으로 영적으로 성장하는 일이다. 안식일을 잊어버리는 자는 하나님을 향한 그의 참된 경건도 식어지고 잃어버리기 쉽다.

셋째로, 그들은 제7년마다 안식년을 지키고 그 해에는 농사를 짓지 않고 땅을 쉬게 하고 모든 빚을 탕감하겠다고 서약하였다. 안식년의 주된 정신은 안식과 함께 가난한 이웃들에 대한 사랑과 배려이었다.

〔32-34절〕 우리가 또 스스로 규례를 정하기를 해마다 각기 세겔의 3분 1을 수납하여 하나님의 전을 위하여 쓰게 하되 곧 진설병과 항상 드리는 소제와 항상 드리는 번제와 안식일과 초하루와 정한 절기에 쓸 것과 성물과 이스라엘을 위하는 속죄제와 우리 하나님의 전의 모든 일을 위하여 쓰게 하였고, 또 우리 제사장들과 레위 사람들과 백성들이 제비 뽑아 각기 종족대로 해마다 정한 기한에 나무를 우리 하나님의 전에 드려서 율법에 기록한 대로 우리 하나님 여호와의 단에 사르게 하였고.

넷째로, 그들은 매년 3분의 1세겔을 하나님의 전을 위해 바치겠다고 서약하였다. 1세겔은 은(銀) 약 11.4그램이며, 3분의 1세겔은 약 4그램이다. 그 성전세는 성전에 매일 차려놓는 떡과 항상 드리는 소제와 번제와 안식일과 초하루(월삭)와 정한 절기에 쓸 제물과 이스라엘을 위한 속죄제물 등을 위해 쓰게 될 것이다.

다섯째로, 그들은 제비 뽑아 정해진 대로, 해마다 정한 기한에 나무를 하나님의 전에 드려 단에 불을 사르게 하겠다고 서약하였다.

〔35-39절〕 해마다 우리 토지 소산의 맏물과 각종 과목의 첫열매를 여호와의 전에 드리기로 하였고 또 우리의 맏아들들과 생축의 처음 난 것과 우양의 처음 난 것을 율법에 기록된 대로 우리 하나님의 전으로 가져다가 우리 하나님의 전에서 섬기는 제사장들에게 주고 또 처음 익은 밀의 가루와 거제물과 각종 과목의 열매와 새 포도주와 기름을 제사장들에게로 가져다가 우리 하나님의 전 골방에 두고, 또 우리 물산의 십일조를 레위 사람들에게 주리라 하였나니 이 레위 사람들은 우리의 모든 성읍에서 물산의 십일조를 받는 자임이며 레위 사람들이 십일조를 받을 때에는 아론의 자손 제사장 하나가 함께 있을 것이요 레위 사람들은 그 십일조의 십분 일을 가져다가 우리 하나님의 전 골방 곧 곳간에 두되 곧 이스라엘 자손과 레위 자손이 거제로 드린 바 곡식과 새 포도주와 기름을 가져다가 성소의 기명을 두는 골방 곧 섬기는 제사장들과 및 문지기들과 노래하는 자들이 있는 골방에 둘 것이라. 그리하여 우리가 우리 하나님의 전을 버리지 아니하리라.

여섯째로, 그들은 첫열매를 하나님께 드리겠다고 서약하였다. 그것은 해마다 토지 소산의 첫 열매와 각종 과목의 첫열매와 맏아들들과 가축의 첫 새끼들이다. 새 포도주와 기름도 그러하였다. 첫열매들은 다 하나님의 전으로 가져와 제사장들에게 줄 것이다.

일곱째로, 그들은 소득의 십일조를 하나님께 드리기로 서약했다. 그들의 토지 소산의 십일조는 레위 사람들에게 줄 것이다. 레위 사람들은 그들이 받은 십일조의 십일조를 하나님의 전 골방 곧 제물들을 보관하는 곳간에 둘 것이며, 그것은 제사장들의 몫이 될 것이다.

이 모든 일들은 모세의 율법에 지시된 바대로이며 이렇게 하여 그들은 하나님의 전을 버리지 않겠다고 서약하였다.

성전을 버리지 않고 기억하는 것은 하나님과 그에게 드리는 제사와 그의 율법의 교훈을 버리지 않고 기억하는 것이다. 그것은 경건이며 속죄 신앙이며 하나님의 말씀 중심, 하나님의 교훈 중심의 삶이다.

본장의 교훈을 정리해보자. <u>첫째로, 이스라엘 백성은 이방 사람들과 결혼하지 않겠다고 서약하였다.</u> 신명기 7:1-4는 이스라엘 백성이 가나안 원주민들과 결혼하지 말라고 명하였었다. 신약성경도 우리가 주 안에서만 결혼해야 한다고 교훈했고 (고전 7:39) 또 믿지 않는 자와 멍에를 같이하지 말라고 하였다(고후 6:14-16). 신약성도는 불신자와 결혼하지 말아야 하고 세상 친구들과의 친밀한 교제도 끊는 것이 좋다. 그것은 우리와 우리 자녀들의 믿음이 변질되지 않게 하기 위함이다.

<u>둘째로, 이스라엘 백성은 안식일과 안식년을 지키겠다고 서약하였다.</u> 안식일 계명은 하나님의 뜻이며 그것을 어기는 것은 사형을 당할 큰 죄이었다(출 20:8-11; 31:13-17). 에스겔 20장은 이스라엘 백성이 안식일을 더럽힌 것이 큰 죄임을 반복해 증거했다(겔 20:12, 13, 16, 20, 21, 24). 이사야 58:13-14는 안식일에 오락을 행치 않고 그 날을 존귀히 여기면 주 안에서 즐거움을 얻을 것이라고 말했다. 우리는 오늘날에도 이 계명의 정신을 따라 주일을 거룩히 구별하고, 히브리서 10:25의 교훈대로 주의 재림의 날이 가까움을 볼수록 더욱 교회에 모이기를 힘써야 한다.

<u>셋째로, 이스라엘 백성은 첫열매와 십일조를 드리겠다고 서약하였다.</u> 첫 열매와 십일조 생활은 우리의 모든 소득이 다 하나님의 것임을 인정하는 것이며 또 성전 중심의 생활을 의미한다. 그것은 하나님 중심의 삶이며 교회 중심의 삶이다. 오늘날에도 우리는 십일조와 감사헌금 등으로 교회를 세우며 복음사역자들을 도우며 교회 내의 가난한 자들을 돌아보며 또 주의 일들을 힘쓴다. 신약성경은 우리에게 풍성한 헌금을 하라고 교훈한다(고후 8:1-7). 그것은 십일조 이상을 뜻한다고 본다.

11장: 예루살렘에 거한 자들

〔1-2절〕백성의 두목들은 예루살렘에 머물렀고 그 남은 백성은 제비 뽑아 10분의 1은 거룩한 성 예루살렘에 와서 거하게 하고 그 9분은 다른 성읍에 거하게 하였으며 무릇 예루살렘에 거하기를 자원하는 자는 백성들이 위하여 복을 빌었느니라.

이스라엘 백성의 지도자들은 예루살렘에 머물렀고 그 남은 백성은 제비 뽑아 10분의 1은 거룩한 성 예루살렘에 와서 거하게 했다. 예루살렘성을 '거룩한 성'이라고 부른 까닭은(1, 18절) 그곳에 하나님의 성전이 있고 그의 임재하심이 있고 또 그에게 올리는 제사와 찬송과 기도와 경배가 있기 때문이다. 백성의 지도자들은 솔선하여 그 성에 거했고 또 자원하는 자들이 거했고, 다른 성읍들에 거하는 사람들은 예루살렘에 거하기를 자원하는 모든 자들을 위해 복을 빌었다.

〔3-6절〕이스라엘과 제사장들과 레위 사람들과 느디님 사람들과 솔로몬의 신복의 자손은 유다 여러 성읍에서 각각 그 본성 본 기업에 거하였고 예루살렘에 거한 그 도의 두목들은 이러하니 예루살렘에 거한 자는 유다 자손과 베냐민 자손 몇 명이라. 유다 자손 중에는 베레스 자손 아다야니 저는 웃시야의 아들이요 스가랴의 손자요 아마랴의 증손이요 스바댜의 현손이요 마할랄렐의 5대손이며, 또 마아세야니 저는 바룩의 아들이요 골호세의 손자요 하사야의 증손이요 아다야의 현손이요 요야립의 5대손이요 스가랴의 6대손이요 실로 사람의 7대손이라. 예루살렘에 거한 베레스 자손의 도합이 468명이니 다 용사이었느니라.

3절의 원문의 어순은 다음과 같다. "또 예루살렘에 거한 그 도(道)의 지도자들은 이러하니라. 그러나 유다의 성들에서는 각 사람이 그들의 성들에 있는 그 소유지에서 거하였더라. [그들은] 이스라엘 사람들, 제사장들, 레위 사람들, 느디님 사람들[성전 수종자들], 그리고 솔로몬의 종들의 후손들이었더라"(MT, KJV, NASB).

유다 자손 중에서 예루살렘에 거한 자들은 아다야와 마아세야를 대표로 한 베레스 자손들인데 모두 468명이었고 다 용사들이었다. 그들은 예루살렘성을 지키는 수고에 동참하였다. 그들은 이스라엘의 지도자들과 함께 예루살렘을 지키고자 자원하였다.

〔7-9절〕 베냐민 자손은 살루니 저는 므술람의 아들이요 요엣의 손자요 브다야의 증손이요 골라야의 현손이요 마아세야의 5대손이요 이디엘의 6대손이요 여사야의 7대손이며, 그 다음은 갑배와 살래 등이니 도합이 928명이라. 시그리의 아들 요엘이 그 감독이 되었고 핫스누아의 아들 유다는 버금이 되어 성읍을 다스렸느니라.

베냐민 자손은 살루와 갑배와 살래 등 모두 928명이었다. 요엘이 그 감독이 되었고 유다는 그 다음이 되어 성읍을 다스렸다.

〔10-14절〕 제사장 중에는 요야립의 아들 여다야와 야긴이며 또 하나님의 전을 맡은 자 스라야니 저는 힐기야의 아들이요 므술람의 손자요 사독의 증손이요 므라욧의 현손이요 아히둡의 5대손이며 또 전에서 일하는 그 형제니 도합이 822명이요, 또 아다야니 저는 여로함의 아들이요 블라야의 손자요 암시의 증손이요 스가랴의 현손이요 바스훌의 5대손이요 말기야의 6대손이며 또 그 형제의 족장된 자니 도합이 242명이요, 또 아맛새니 저는 아사렐의 아들이요 아흐새의 손자요 므실레못의 증손이요 임멜의 현손이며 또 그 형제의 큰 용사니 도합이 128명이라. 하그돌림의 아들 삽디엘이 그 감독이 되었느니라.

제사장 중에는 여다야와 야긴이며 또 하나님의 전을 맡은 자 스라야니 그는 힐기야의 아들이요 아히둡의 5대손이며 또 전에서 일하는 그 형제니 도합이 822명이었다. 또 아다야인데, 그 형제의 족장된 자들의 합계가 242명이었다. 또 아맛새인데, 그는 그 형제의 큰 용사이며 그 자손의 합계가 128명이었다. 총합계가 1192명이었다. 삽디엘이 그 감독이 되었다. 그들은 다 성전 제사를 수행하는 자들이었다.

〔15-18절〕 레위 사람 중에는 스마야니 저는 핫숩의 아들이요 아스리감의 손자요 하사뱌의 증손이요 분니의 현손이며, 또 레위 사람의 족장 삽브

대와 요사밧이니 저희는 하나님의 전 바깥 일을 맡았고, 또 아삽의 증손 삽디의 손자 미가의 아들 맛다냐니 저는 기도할 때에 감사하는 말씀을 인도하는 어른이 되었고 형제 중에 박부가가 버금이 되었으며, 또 여두둔의 증손 갈랄의 손자 삼무아의 아들 압다니, 거룩한 성에 레위 사람의 도합이 284명이었느니라.

레위 사람 중에는 스마야와, 또 레위 사람의 족장 삽브대와 요사밧인데 그들은 하나님의 전 바깥일, 아마 밖에서 필요한 물건을 들여오는 일들을 맡았고, 또 맛다냐는 기도할 때에 감사하는 말씀을 인도하는 어른이 되었고 또 압다 등 레위 사람의 합계는 284명이었다.

〔19-21절〕 성 문지기는 악굽과 달몬과 그 형제니 도합이 172명이며 그 나머지 이스라엘 백성과 제사장과 레위 사람은 유다 모든 성읍에 흩어져 각각 자기 기업에 거하였고 느디님 사람은 오벨에 거하니 시하와 기스바가 그 두목이 되었느니라.

성 문지기는 악굽과 달몬과 그 형제인데 합계가 172명이었다. 그 나머지 이스라엘 백성과 제사장과 레위 사람은 유다 모든 성읍에 흩어져 각각 자기 기업에 거하였다. 느디님 사람은 오벨에 거하였으며 시하와 기스바가 그 우두머리가 되었다.

〔22-24절〕 노래하는 자 아삽 자손 곧 미가의 현손 맛다냐의 증손 하사뱌의 손자 바니의 아들 웃시는 예루살렘에 거하는 레위 사람의 감독이 되어 하나님의 전 일을 맡아 다스렸으니 이는 왕의 명대로 노래하는 자에게 날마다 양식을 정하여 주는 것이 있음이며 유다의 아들 세라의 자손 곧 므세사벨의 아들 브다히야는 왕의 수하에서 백성의 일을 다스렸느니라.

노래하는 자 아삽 자손 웃시는 예루살렘에 거하는 레위 사람들의 감독이 되어 하나님의 전의 일을 맡아 다스렸다. 이는 파사 왕의 명대로 노래하는 자에게 날마다 양식을 정하여 주는 것이 있기 때문이었다. 유다의 자손 브다히야는 왕의 수하에서 백성의 일을 다스렸다.

예루살렘 성곽 재건 후 예루살렘을 다스리는 책임을 맡았던 하나니와 영문의 관원 하나냐는 서약서에 도장을 찍은 자들의 명단(10장)

에 특별히 드러나지는 않는다(하나냐는 23절에 언급된 듯하지만).

〔25-36절〕 향리와 들로 말하면, 유다 자손의 더러는 기럇 아바와 그 촌과 디본과 그 촌과 여갑스엘과 그 동네에 거하며 또 예수아와 몰라다와 벧벨렛과 하살수알과 브엘세바와 그 촌에 거하며 또 시글락과 므고나와 그 촌에 거하며 또 에느림몬과 소라와 야르뭇에 거하며 또 사노아와 아둘람과 그 동네와 라기스와 그 들과 아세가와 그 촌에 거하였으니 저희는 브엘세바에서부터 힌놈의 골짜기까지 장막을 쳤으며, 또 베냐민 자손은 게바에서부터 믹마스와 아야와 벧엘과 그 촌에 거하며 아나둣과 놉과 아나냐와 하솔과 라마와 깃다임과 하딧과 스보임과 느발랏과 로드와 오노와 공장(工匠) 골짜기에 거하였으며 유다에 있던 레위 사람의 어떤 반열은 베냐민과 합하였느니라.

앞에서 언급한 지도자들과 그 자손들 외에, 나머지 백성들은 유다 땅의 각 마을들과 들에 흩어져 거하였다. 유다 자손들은 기럇 아바 등 17곳에 거하였다. 그들은 맨 남쪽의 브엘세바에서부터 예루살렘 접경인 힌놈의 골짜기까지 장막을 쳤다. 또 베냐민 자손은 게바 등 16곳에 거하였다. 유다에 있던 어떤 레위 사람들은 베냐민과 합했다.

본장의 교훈을 정리해보자. 이스라엘의 지도자들과 자원하는 자들은 예루살렘성에 거했다. 그들은 예루살렘성을 사랑하고 그 성을 지키고자 했다. 예루살렘성은 하나님의 성전이 있고 하나님의 임재가 있고 그에게 제사와 찬송과 기도를 올리고 그의 율법의 교훈이 있는 장소이다. 하나님을 사랑하는 자마다 예루살렘성과 성전을 사랑할 것이다. 구약시대의 싱진은 신약시대에 예수 그리스도외 신약교회를 가리킨다. 우리는 우리를 위해 죽으시고 다시 사신 주 예수 그리스도를 사랑하고 그를 위해 살기를 원한다. 또 주 예수 그리스도를 사랑하는 자는 주께서 피흘려 사신 영혼들과 신약교회를 사랑한다. <u>우리는 교회를 사랑하며 지키며 예배 모임들과 교회의 일들과 활동들을 귀히 여겨야 한다.</u> 성전 예배는 교회 예배가 되었다. <u>우리는 교회와 공예배들과 설교 말씀 듣기, 교회의 모든 봉사의 일들을 우리의 삶 속에서 가장 귀히 여겨야 한다.</u>

12장: 성곽 봉헌식

〔1-9절〕 스알디엘의 아들 스룹바벨과 및 예수아를 좇아 돌아온 제사장과 레위 사람은 이러하니라. 제사장은 스라야와 예레미야와 에스라와 아마라와 말룩과 핫두스와 스가냐와 르훔과 므레못과 잇도와 긴느도이와 아비야와 미야민과 마아댜와 빌가와 스마야와 요야립과 여다야와 살루와 아목과 힐기야와 여다야니 이상은 예수아 때에 제사장과 그 형제의 어른[우두머리들, 지도자들]이었느니라. 레위 사람은 예수아와 빈누이와 갓미엘과 세레뱌와 유다와 맛다냐니 이 맛다냐는 그 형제와 함께 찬송하는 일을 맡았고 또 그 형제 박부갸와 운노는 직무를 따라 저의 맞은편에 있으며.

1-9절은 유다 백성이 바벨론 포로생활에서 놓여나 총독 스룹바벨과 대제사장 예수아의 지도 아래 고국으로 돌아왔을 때 그들과 함께 돌아온 제사장들과 레위인들의 지도자들을 말한다. 10절의 예수아는 8절의 레위인 예수아가 아니고, 1절의 대제사장 예수아이다. 그의 아들은 요야김(10절), 그의 부친은 요사닥이었다(26절; 스 3:2).

〔10-21절〕 예수아(느 12:12, 26; 스 3:2)는 요야김을 낳았고 요야김은 엘리아십을 낳았고 엘리아십은 요야다를 낳았고 요야다는 요나단을 낳았고 요나단은 얏두아를 낳았느니라. 요야김 때에 제사장의 족장된 자는 스라야 족속에는 므라야요 예레미야 족속에는 하나냐요 에스라 족속에는 므술람이요 아마랴 족속에는 여호하난이요 말루기 족속에는 요나단이요 스바냐 족속에는 요셉이요 하림 족속에는 아드나요 므라욧 족속에는 헬개요 잇도 족속에는 스가랴요 긴느돈 족속에는 므술람이요 아비야 족속에는 시그리요 미냐민 곧 모아댜 족속에는 빌대요 빌가 족속에는 삼무아요 스마야 족속에는 여호나단이요 요야립 족속에는 맛드내요 여다야 족속에는 웃시요 살래 족속에는 갈래요 아목 족속에는 에벨이요 힐기야 족속에는 하사뱌요 여다야 족속에는 느다넬이었느니라.

10-11절은 대제사장 예수아의 아들 요야김, 그의 손자 엘리아십, 그의 증손자 요야다 등, 예수아의 자손들을 언급한다. 13-21절은 요

야김 때에 제사장 족속들의 20명 족장들의 이름을 열거한다.

〔22-26절〕엘리아십과 요야다와 요하난과 얏두아 때에 레위 사람의 족장이 모두 책에 기록되었고 바사 왕 다리오 때에 제사장도 책에 기록되었고 레위 자손의 족장들은 엘리아십의 아들 요하난 때까지 역대지략에 기록되었으며, 레위 사람의 어른은 하사뱌와 세레뱌와 갓미엘의 아들 예수아라. 저희가 그 형제의 맞은편에 있어 하나님의 사람 다윗의 명한 대로 반차[반]를 따라 주를 찬양하며 감사하고, 맛다냐와 박부갸와 오바댜와 므술람과 달몬과 악굽은 다 문지기로서 반차[반]대로 문 안의 곳간을 파수하였나니, 이상 모든 사람은 요사닥의 손자 예수아의 아들 요야김과 방백[총독] 느헤미야와 제사장 겸 서기관 에스라 때에 있었느니라.

22-26절은 제사장 요사닥의 손자, 예수아의 아들 요야김과 방백 느헤미야와 제사장 겸 서기관 에스라 때에 레위 사람들의 우두머리들, 특히 하나님을 찬양하며 감사하는 자들과 문지기들의 이름들을 기록한다. 하나님께서는 이스라엘 백성에게 제사장들과 레위인들이 부족하지 않게 하셨다. 그것은 하나님의 은혜이었다.

〔27-30절〕예루살렘 성곽이 낙성되니[예루살렘 성곽의 봉헌식 때에 그들은](영어성경들) 각처에서 레위 사람들을 찾아 예루살렘으로 데려다가 감사하며 노래하며 제금 치며 비파와 수금을 타며 즐거이 봉헌식을 행하려 하매 이에 노래하는 자들이 예루살렘 사방 들과 느도바 사람의 동네에서 모여 오고 또 벧길갈과 게바와 아스마웻 들에서 모여 왔으니 이 노래하는 자들은 자기를 위하여 예루살렘 사방에 동네를 세웠음이라. 제사장들과 레위 사람들이 몸을 정결케 하고 또 백성과 성문과 성을 정결케 하니라.

27절부터 43절까지는 예루살렘 성곽 봉헌식(카눅캇 코맛 예루살라임 חֲנֻכַּת חוֹמַת יְרוּשָׁלִָם)에 대한 내용이다. 그들은 우선 레위인들을 불러모았다. 레위인들은 하나님께 비파와 수금과 제금 등의 악기를 연주하며 하나님께 노래하며 찬송할 수 있는 자들이었기 때문이다. 또 제사장들과 레위인들은 자기들의 몸을 정결케 하였고 온 백성도 그렇게 하였고 또 성문들과 성도 정결케 하였다.

〔31-37절〕 이에 내가 유다의 방백들로 성 위에 오르게 하고 또 감사 찬송하는 자의 큰 무리를 두 떼로 나누어 성 위로 항렬을 지어 가게 하는데 한 떼는 우편으로 분문(糞門)을 향하여 가게 하니 따르는 자는 호세야와 유다 방백의 절반이요 또 아사랴와 에스라와 므술람과 유다와 베냐민과 스마야와 예레미야며 또 제사장의 자손 몇이 나팔을 잡았으니 요나단의 아들 스마야의 손자 맛다냐의 증손 미가야의 현손 삭굴의 5대손 아삽의 6대손 스가랴와 그 형제 스마야와 아사렐과 밀랄래와 길랄래와 마애와 느다넬과 유다와 하나니라. 다 하나님의 사람 다윗의 악기를 잡았고 학사 에스라가 앞서서 샘문으로 말미암아 전진하여 성으로 올라가는 곳에 이르러 다윗 성의 층계로 올라가서 다윗의 궁 윗길에서 동향하여 수문(水門)에 이르렀고.

〔38-43절〕 감사 찬송하는 다른 떼는 저희를 마주 진행하는데 내가 백성의 절반으로 더불어 그 뒤를 따라 성 위로 행하여 풀무 망대 윗길로 성 넓은 곳에 이르고 에브라임 문 위로 말미암아 옛문과 어문(魚門)과 하나넬 망대와 함메아 망대를 지나 양문(羊門)에 이르러 감옥 문에 그치매 이에 감사 찬송하는 두 떼와 나와 민장(民長)[관리들]의 절반은 하나님의 전에 섰고 제사장 엘리아김과 마아세야와 미냐민과 미가야와 엘료에내와 스가랴와 하나냐는 다 나팔을 잡았고 또 마아세야와 스마야와 엘르아살과 웃시와 여호하난과 말기야와 엘람과 에셀이 함께 있으며 노래하는 자는 크게 찬송하였는데 그 감독은 예스라히야라. 이 날에 무리가 크게 제사를 드리고 심히 즐거워하였으니 이는 하나님이 크게 즐거워하게 하셨음이라. 부녀와 어린아이도 즐거워하였으므로 예루살렘의 즐거워하는 소리가 멀리 들렸느니라.

성곽 봉헌식의 모든 일들은 '내가'라고 표현하고 있는 느헤미야가 주관하였다. 그는 유다의 방백들과 감사 찬송하는 자들의 큰 무리를 두 떼로 나누어 성 위로 줄을 지어 행진하게 하였다. 성의 남쪽에서부터 북쪽으로 행진하는데, 한 떼는 성곽 위를 오른쪽으로 행진하며 호세야와 유다 방백 절반이 뒤따랐고 사람들은 하나님 말씀을 강론했던 하나님의 사람 학사 에스라를 앞장세웠다. 다른 한 떼는 성곽 위를 왼쪽으로 행진하며 느헤미야가 백성의 절반으로 더불어 그 뒤를 따랐다. 유다 방백들이 "따르는 자"(32절)로 표현되고 느헤미야가

"그 [무리의] 뒤를 따라"(38절) 갔다고 말한 것은 지도자들의 겸손함을 나타낸다. 그들은 행진하여 예루살렘성의 북쪽 지역에 있는 하나님의 성전에 이르러 멈추어 섰다. 제사장들은 나팔을 잡고 불었고 노래하는 자들은 크게 찬송했다. 그 날 성곽 봉헌식 때 여자들과 어린 아이를 포함하여 모든 사람이 크게 즐거워하였다. 그것은 하나님께서 그렇게 하셨기 때문이었다. 그 소리가 멀리서도 들렸다.

〔44-47절〕 그 날에 사람을 세워 곳간을 맡기고 제사장들과 레위 사람들에게 돌릴 것 곧 율법에 정한 대로 거제물과 처음 익은 것과 십일조를 모든 성읍 밭에서 거두어 이 곳간에 쌓게 하였노니 이는 유다 사람이 [하나님을] 섬기는 제사장들과 레위 사람들을 인하여 즐거워함을 인함이라. 저희는 하나님을 섬기는 일과 결례(潔禮)의 일을 힘썼으며 노래하는 자들과 문지기들도 그러하여 모두 다윗과 그 아들 솔로몬의 명을 좇아 행하였으니 옛적 다윗과 아삽의 때에는 노래하는 자의 두목이 있어서 하나님께 찬송하는 노래와 감사하는 노래를 하였음이며 스룹바벨과 느헤미야 때에는 온 이스라엘이 노래하는 자들과 문지기들에게 날마다 쓸 것을 주되 그 구별한 것을 레위 사람들에게 주고 레위 사람들은 그것을 또 구별하여 아론 자손에게 주었느니라.

예루살렘 성곽을 봉헌한 날에 사람들은 율법에 정한 대로 제사장들과 레위 사람들에게 돌릴 하나님께 드리는 헌물들과 첫열매들과 십일조들을 보관하는 창고를 정리하고 사람들을 세워 책임을 맡겼다. 그것은 그들이 하나님께 감사하였고 또 하나님을 섬기는 제사장들과 레위 사람들 때문에 즐거워했기 때문이다. 그것은 제사장들과 레위 사람들이 하나님께서 지시하신 바들을 수행하였기 때문이다. 그들이 해이해져 율법의 규례대로 행치 않을 때는 레위인들이 흩어져 세상일을 하기도 했다(느 13:10). 그러나 바벨론 포로생활에서 갓 돌아온 스룹바벨 때나 느헤미야 때에는 그들이 율법의 규례대로 노래하는 자들과 문지기들에게 날마다 쓸 것을 주었고 그 구별한 것들을 레위 사람들에게 주었고 레위 사람들은 그것을 아론의 자손 제사장들에게 주었던 것이다. 그것은 그들이 하나님을 경외하고 사랑하며 그 법도와 규례를 지키는 표시이었다.

　본장의 교훈을 정리해보자. 첫째로, 본장은 하나님께서 스룹바벨 때에 그리고 느헤미야 때까지 이스라엘 백성에게 제사장들과 레위 사람들을 은혜로 주셨음을 증거한다(특히 1-26절). 그것은 하나님의 은혜이었다. 구약시대에는 성전 제사가 중요했다. 그것은 구주 예수 그리스도를 상징하였기 때문이다. 하나님께서는 이스라엘 백성에게 제사장들과 레위 사람들을 끊어지지 않게 하심으로 예수 그리스도의 은혜를 끊임없이 증거해주신 것이다. 우리는 오늘날에도 하나님께서 그의 교회들에 예수 그리스도의 복음을 증거하는 충성된 목사들을 많이 주시고 또 교회들을 감독하고 돌볼 장로들을 많이 주시기를 기도해야 한다.

　둘째로, 이스라엘 백성은 즐거이 성곽 봉헌식을 거행했다. 그들은 그 일을 위해 레위 사람들을 불러모았고 제사장들과 레위 사람들, 그리고 온 백성이 몸을 정결케 했다(28-30절). 레위 사람들과 제사장들은 악기를 연주하며 하나님께 감사와 찬송을 올렸다(31, 41-42절). 지도자들은 사람들 앞에 행하지 않고 그들 뒤에서 겸손히 행진했다(32, 38절). 또 그들은 하나님의 말씀을 강론했던 학사 에스라를 앞세웠다. 그것은 그들이 하나님의 말씀을 존중하였음을 보인다(36절). 또 온 백성은 하나님의 은혜로 여자들과 어린아이들까지도 크게 즐거워했다(43절). 우리도 몸을 정결케 하고 겸손한 마음을 가지고 하나님의 말씀을 존중하며 기쁨과 즐거움으로 하나님을 섬기며 그에게 감사와 찬송을 올려야 한다.

　셋째로, 이스라엘 백성은 하나님께 드리는 첫열매들과 십일조들과 헌물들을 창고에 모아 레위 사람들에게 주었고 레위 사람들은 그들의 십일조를 제사장들에게 주었다(44-47절). 이스라엘 백성은 하나님께서 율법에 명하신 물질적 섬김도 실천한 것이다. 주께서는 "너희를 위하여 보물을 땅에 쌓아 두지 말고 하늘에 쌓아 두라," "네 보물 있는 그곳에는 네 마음도 있느니라"고 말씀하셨다(마 6:19-21). 헌금은 하나님과 주 예수님을 믿고 사랑하는 표시이며 천국에 소망을 두고 사는 표시이다.

13장: 느헤미야의 바른 통치

〔1-3절〕 그 날에 모세의 책을 낭독하여 백성에게 들렸는데 그 책에 기록하기를 암몬 사람과 모압 사람은 영영히 하나님의 회에 들어오지 못하리니 이는 저희가 양식과 물로 이스라엘 자손을 영접지 아니하고 도리어 발람에게 뇌물을 주어 저주하게 하였음이라. 그러나 우리 하나님이 그 저주를 돌이켜 복이 되게 하셨다 하였는지라. 백성이 이 율법을 듣고 곧 섞인 무리를 이스라엘 가운데서 몰수히 분리케 하였느니라.

예루살렘성 봉헌식 날에, 그들은 모세의 율법책을 낭독하였는데, 그 책에 암몬 사람과 모압 사람은 영영히 하나님의 회에 들어오지 못하리라고 기록되어 있었다. 백성들은 이 율법을 듣고 곧 섞인 무리를 이스라엘 가운데서 분리케 하였다. 그들은 교제의 교훈을 지켰다.

〔4-9절〕 이전에 우리 하나님의 전 골방을 맡은 제사장 엘리아십이 도비야와 연락이 있었으므로 도비야를 위하여 한 큰 방을 갖추었으니 그 방은 원래 소제물과 유향과 기명과 또 레위 사람들과 노래하는 자들과 문지기들에게 십일조로 주는 곡물과 새 포도주와 기름과 또 제사장들에게 주는 거제물을 두는 곳이라. 그때에는 내가 예루살렘에 있지 아니하였었느니라. 바벨론 왕 아닥사스다 32년에 내가 왕에게 나아갔다가 며칠 후에 왕에게 말미를 청하고 예루살렘에 이르러서야 엘리아십이 도비야를 위하여 하나님의 전 뜰에 방을 갖춘 악한 일을 안지라. 내가 심히 근심하여 도비야의 세간을 그 방밖으로 다 내어 던지고 명하여 그 방을 정결케 하고 하나님의 전의 기명[그릇들]과 소제물과 유향을 다시 그리로 들여놓았느니라.

하나님의 전 골방들을 맡은 제사장 엘리아십이 도비야와 연락이 있었으므로 그를 위해 한 큰 방을 준비했는데, 그 방은 원래 소제물과 유향과 그릇들과 십일조와 거제물 등을 두는 곳이었다. 도비야는 암몬 사람으로 느헤미야의 사역을 미워하고 대적하였으나(느 2:10; 4:7-8; 6장) 유다의 귀인들 중에 그와 동맹한 자가 많았다. 엘리아십은 성벽 건축에는 참여했으나(느 3:1) 하나님 앞에 서약하고 인을 친

문서에는 이름이 없었다(느 10장). 그는 신복음주의자의 전형이었다.

엘리아십이 도비야에게 방을 주었을 때에는 느헤미야가 예루살렘에 있지 않았다. 바벨론 왕[파사 왕] 아닥사스다 32년[주전 433년]에 느헤미야는 왕에게 나아갔다가 며칠 후 왕에게 말미를 청하고 예루살렘에 이르러서야 엘리아십이 도비야를 위해 하나님의 전 뜰에 방을 갖춘 악한 일을 알았다. 그는 심히 근심하여 도비야의 세간을 그 방밖으로 다 내어던지고 명하여 그 방을 정결케 하였다. 이 일은 성전 봉헌식을 한 때로부터 약 12년 후에 있었다(느 2:1; 13:6).

〔10-14절〕 내가 또 알아본즉 레위 사람들의 받을 것을 주지 아니하였으므로 그 직무를 행하는 레위 사람들과 노래하는 자들이 각각 그 전리(田里)로 도망하였기로 내가 모든 민장[관리들]을 꾸짖어 이르기를 하나님의 전이 어찌하여 버린 바 되었느냐 하고 곧 레위 사람을 불러모아 다시 그 처소에 세웠더니 이에 온 유다가 곡식과 새 포도주와 기름의 십일조를 가져다가 곳간에 들이므로 내가 제사장 셀레먀와 서기관 사독과 레위 사람 브다야로 고지기[창고지기]를 삼고 맛다냐의 손자 삭굴의 아들 하난으로 버금을 삼았나니 이는 저희가 충직한 자로 인정됨이라. 그 직분은 형제들에게 분배하는 일이었느니라. 내 하나님이여, 이 일을 인하여 나를 기억하옵소서. 내 하나님의 전과 그 모든 직무를 위하여 나의 행한 선한 일을 도말하지 마옵소서.

느헤미야는, 레위 사람들이 받을 것을 받지 못했으므로 그 직무를 행하는 레위 사람들과 노래하는 자들이 각각 그 전리(田里)로[밭으로] 도망하였음을 알았다. 그래서 그는 모든 관리들을 꾸짖었다. 또 그는 즉시 레위 사람을 불러모아 다시 그 처소에 세웠고 유다 백성들로 곡식과 새 포도주와 기름의 십일조를 가져다가 곳간에 들이게 했다. 십일조를 바치지 않은 것은 하나님의 성전을 버린 것과 같았다.

〔15-22절〕 그때에 내가 본즉 유다에서 어떤 사람이 안식일에 술틀을 밟고 곡식단을 나귀에 실어 운반하며 포도주와 포도와 무화과와 여러 가지 짐을 지고 안식일에 예루살렘에 들어와서 식물을 팔기로 그 날에 내가 경계하였고 또 두로 사람이 예루살렘에 거하며 물고기와 각양 물건을 가져다가 안

식일에 유다 자손에게 예루살렘에서도 팔기로 내가 유다 모든 귀인을 꾸짖어 이르기를 너희가 어찌 이 악을 행하여 안식일을 범하느냐? 너희 열조가 이같이 행하지 아니하였느냐? 그러므로 우리 하나님이 이 모든 재앙으로 우리와 이 성읍에 내리신 것이 아니냐? 이제 너희가 오히려 안식일을 범하여 진노가 이스라엘에게 임함이 더욱 심하게 하는도다 하고 안식일 전 예루살렘 성문이 어두워 갈 때에 내가 명하여 성문을 닫고 안식일이 지나기 전에는 열지 말라 하고 내 종자 두어 사람을 성문마다 세워서 안식일에 아무 짐도 들어오지 못하게 하매 장사들과 각양 물건 파는 자들이 한두 번 예루살렘성 밖에서 자므로 내가 경계하여 이르기를 너희가 어찌하여 성 밑에서 자느냐? 다시 이같이 하면 내가 잡으리라 하였더니 그 후부터는 안식일에 저희가 다시 오지 아니하였느니라. 내가 또 레위 사람들을 명하여 몸을 정결케 하고 와서 성문을 지켜서 안식일로 거룩하게 하라 하였느니라. 나의 하나님이여, 나를 위하여 이 일도 기억하옵시고 주의 큰 은혜대로 나를 아끼시옵소서.

느헤미야는 유다에서 어떤 사람이 안식일에 술틀을 밟고 곡식단을 나귀에 실어 운반하며 포도주와 포도와 무화과 등을 안식일에 예루살렘에 들어와 파는 것을 보았다. 느헤미야는 그들을 경계했고 유다 모든 귀인을 꾸짖었고 또 레위 사람들을 명하여 성문을 지켜서 안식일로 거룩하게 하라고 하였다. 그는 이와 같이 안식일 범하는 것을 책망하며 안식일을 잘 지키도록 지도하였다.

〔23-27절〕 그때에 내가 또 본즉 유다 사람이 아스돗과 암몬과 모압 여인을 취하여 아내를 삼았는데 그 자녀가 아스돗 방언을 절반쯤은 하여도 유다 방언은 못하니 그 하는 말이 각 족속의 방언이므로 내가 책망하고 저주하며 두어 사람을 때리고 그 머리털을 뽑고 이르되 너희는 너희 딸들로 저희 아들들에게 주지 말고 너희 아들들이나 너희를 위하여 저희 딸을 데려오지 않겠다고 하나님을 가리켜 맹세하라 하고 또 이르기를 옛적에 이스라엘 왕 솔로몬이 이 일로 범죄하지 아니하였느냐? 저는 열국 중에 비길 왕이 없이 하나님의 사랑을 입은 자라. 하나님이 저로 왕을 삼아 온 이스라엘을 다스리게 하셨으나 이방 여인이 저로 범죄케 하였나니 너희가 이방 여인을 취하여 크게 악을 행하여 우리 하나님께 범죄하는 것을 우리가 어찌 용납하

겠느냐?

느헤미야는 유다 사람이 아스돗과 암몬과 모압 여인을 취해 아내를 삼았는데 그 자녀가 아스돗 방언을 절반쯤은 해도 유다 방언은 못하는 것을 보았다. 그는 그들을 저주하며 두어 사람을 때리고 그들의 머리털을 뽑으며 책망하였다. 이방인과의 연혼이 없어지지 않았다. 에스라가 돌아왔던 주전 457년에 그들은 연혼을 회개하며 이방 여인들을 다 돌려보냈었으나(스 10장) 그들은 24년쯤이 지난 지금(주전 433년경) 또다시 해이해졌다. 하나님의 교회는 권징이 성실히 시행되지 않으면 신앙이 해이해지고 경건과 도덕성이 부패되고 변질된다.

〔28-31절〕대제사장 엘리아십의 손자 요야다의 아들 하나가 호론 사람 산발랏의 사위가 되었으므로 내가 쫓아내어 나를 떠나게 하였느니라. 내 하나님이여, 저희가 제사장의 직분을 더럽히고 제사장의 직분과 레위 사람에 대한 언약을 어기었사오니 저희를 기억하옵소서. 내가 이와 같이 저희로 이방 사람을 떠나게 하여 깨끗하게 하고 또 제사장과 레위 사람의 반열을 세워 각각 그 일을 맡게 하고 또 정한 기한에 나무와 처음 익은 것을 드리게 하였사오니 내 하나님이여, 나를 기억하사 복을 주옵소서.

느헤미야는 대제사장 엘리아십의 손자 요야다의 아들 하나가 호론 사람 산발랏의 사위가 되었음을 알고 그를 쫓아내어 떠나게 했다.

본장의 교훈을 정리해보자. 첫째로, 이스라엘 백성은 율법대로 암몬 사람과 모압 사람을 분리시켰고 이방인과의 결혼을 청산케 했다. 성경은 우리가 불신자와 이단자와 불순종자와 교제치 말라고 교훈한다(고후 6:14-17; 딛 3:10; 살후 3:6, 14). 우리는 성경적 교제의 교훈을 지켜야 한다. 바른 교제는 개인과 교회의 신앙과 거룩함의 유지에 중요하다.

둘째로, 이스라엘 백성은 십일조 생활을 실천하였다. 우리는 십일조 이상의 풍성한 헌금으로 하나님의 교회를 섬기며 돌아보아야 한다.

셋째로, 이스라엘 백성은 안식일을 힘써 지켰다. 성수주일은 우리의 믿음을 자라게 하며 영육으로 복된 일이며 교회적으로도 그러하다.

에스더

내용 목차

서론

    에스더의 **저자**는 모르드개인 것 같다. 에스더 9:20, "모르드개가 이 일을 기록하였고." 고대의 한 비문은 이 시대에 수산성에 마르두카이 아[모르드개]라는 관리가 있었음을 증거한다.7) 구약성경에서 오직 에스더서에서만 하나님의 명칭이 나타나지 않는다. 그것은 이 책이 파사의 궁중 문서이었기 때문인 것 같다. 그러나 헬라어 70인역에는 많은 부분이 첨가되어 있고 하나님이라는 말도 많이 나온다.

    에스더서의 **주요 내용**은 이스라엘의 위기(1-3장)와 구원(4-10장) 이다. 본서의 **특징적 진리**는 하나님의 은밀한 섭리이다.

본문 혹은 각주에 자주 사용된 약어

KJV	영어 King James Version
NASB	영어 New American Standard Version
NIV	영어 New International Version
LXX	고대 헬라어 70인역
Syr	고대 수리아어역
It	고대 라틴어역
Vg	고대 라틴어 Vulgate역
BDB	Brown-Driver-Briggs, *Hebrew Lexicon of the O. T.*
KB	Koehler-Baumgartner, *Lexicon in Veteris Testamenti Libros.*
Langenscheidt	*Langenscheidt Pocket Hebrew Dictionary.*
NBD	*The New Bible Dictionary.* IVP.
Poole	Matthew Poole, *A Commentary on the Holy Bible.*
JFB	Jamieson-Faussett-Brown, *A Commentary.*

---

7) 글리슨 아춰, 구약총론, 482쪽.

1장: 왕이 왕후를 폐함

〔1-8절〕 이 일은 아하수에로 왕 때에 된 것이니 아하수에로는 인도로 구스까지 127도를 치리하는 왕이라. 당시에 아하수에로 왕이 수산 궁에서 즉위하고 위(位)에 있은 지 3년에 그 모든 방백과 신복을 위하여 잔치를 베푸니 바사와 메대의 장수와 각 도의 귀족과 방백들이 다 왕 앞에 있는지라. 왕이 여러 날 곧 180일 동안에 그 영화로운 나라의 부함과 위엄의 혁혁함을 나타내니라. 이 날이 다하매 왕이 또 도성[수도](NASB) 수산 대소 인민을 위하여 왕궁 후원 뜰에서 7일 동안 잔치를 베풀새 백색,(녹색,) 청색(테켈렛 תְּכֵלֶת)[보라색] 휘장을 자색 가는 베줄로 대리석 기둥 은고리에 매고 금과 은으로 만든 걸상을 화반석[대리석], 백석, 운모석, 흑석을 깐 땅에 진설하고 금잔으로 마시게 하니 잔의 식양이 각기 다르고 왕의 풍부한 대로 어주가 한이 없으며 마시는 것도 규모가 있어 사람으로 억지로 하지 않게 하니 이는 왕이 모든 궁내 관리에게 명하여 각 사람으로 마음대로 하게 함이더라.

에스더서의 내용은 파사 제국의 아하수에로 왕(주전 486-464년경 통치) 때에 된 것이다. 아하수에로는 에스라나 느헤미야가 돌아올 때의 왕인 아닥사스다 직전의 왕이다. 파사 제국은 오늘날 이란이 중심이었다. 아하수에로(혹은 크셀크세스라고도 부름)는 인도부터 구스[에티오피아]까지 127개 도(메디나 מְדִינָה)8)를 치리하는 왕이었다.

왕이 모든 방백과 장수와 각 도의 귀족들과 신복들을 위해 180일 즉 6개월 동안이나 큰 잔치를 베풀었고 또 수도 수산의 사람들을 위해 7일간 더 잔치를 베푼 것은 자신의 부귀와 영광을 신하들과 백성들 앞에 과시하였던 것 같다. 사람의 자기 과시는 교만에서 나오는 것이다. 그것은 결국 왕후의 실수를 사랑으로 감싸지 못하고 자기의 아내를 폐위시키는 불상사를 만들어내었다고 보인다. 그러나 이런 모든 사건들은 보이지 않는 하나님의 섭리의 손길 가운데 되어졌다.

---

8) 헤로도토스에 의하면, 큰 단위로는 20개 도(사트라페이아)이었음.

〔9-12절〕 왕후 와스디도 아하수에로 왕궁에서 부녀들을 위하여 잔치를 베푸니라. 제7일에 왕이 주흥(酒興)이 일어나서 어전(御前) 내시 므후만과 비스다와 하르보나와 빅다와 아박다와 세달과 가르가스 일곱 사람을 명하여 왕후 와스디를 청하여 왕후의 면류관을 정제(整齊)[가지런히]하고 왕의 앞으로 나아오게 하여 그 아리따움을 뭇 백성과 방백들에게 보이게 하라 하니 이는 왕후의 용모가 보기에 좋음이라. 그러나 왕후 와스디가 내시의 전하는 왕명을 좇아오기를 싫어하니 왕이 진노하여 중심이 불붙는 듯하더라.

왕후가 왕의 요청을 거절한 것은 잘못이었다. 남편은 그에게 남편이며 또한 왕이었다. 그는 남편과 왕에게 순종해야 할 위치에 있었다. 그러나 아마도 왕후의 마음은 높았던 것 같다. 그는 아마 큰 제국의 왕후라는 사실 때문에, 또 자신의 뛰어난 미모 때문에, 마음이 높았던 것 같다. 겸손은 높임을 받지만, 교만은 패망을 가져온다. 또 왕후의 그런 행동은 나라의 백성들에게 나쁜 영향을 끼칠 것이다.

〔13-22절〕 왕이 사례를 아는 박사들에게 묻되 (왕이 규례와 법률을 아는 자에게 묻는 전례가 있는데 때에 왕에게 가까이 하여 왕의 기색을 살피며 나라 첫자리에 앉은 자는 바사와 메대의 일곱 방백 곧 가르스나와 세달과 아드마다와 다시스와 메레스와 마르스나와 므무간이라.) 왕후 와스디가 내시의 전하는 아하수에로 왕명을 좇지 아니하니 규례대로 하면 어떻게 처치할꼬. 므무간이 왕과 방백 앞에서 대답하여 가로되 왕후 와스디가 왕에게만 잘못할 뿐 아니라 아하수에로 왕의 각 도 방백과 뭇 백성에게도 잘못하였나이다. 아하수에로 왕이 명하여 왕후 와스디를 청하여도 오지 아니하였다 하는 왕후의 행위의 소문이 모든 부녀에게 전파되면 저희도 그 남편을 멸시할 것인즉 오늘이라도 바사와 메대의 귀부인들이 왕후의 행위를 듣고 왕의 모든 방백에게 그렇게 말하리니 멸시와 분노가 많이 일어나리이다. 왕이 만일 선히 여기실진대 와스디로 다시는 왕 앞에 오지 못하게 하는 조서를 내리되 바사와 메대의 법률 중에 기록하여 변역함이 없게 하고 그 왕후의 위(位)를 저보다 나은 사람에게 주소서. 왕의 조서가 이 광대한 전국에 반포되면 귀천을 무론하고 모든 부녀가 그 남편을 존경하리이다. 왕과 방백들이 그 말을 선히 여긴지라. 왕이 므무간의 말대로 행하여 각 도 각 백성의 문자와 방언대로 모든 도에 조서를 내려 이르기를 남편으로 그 집을 주관하

게 하고 자기 민족의 방언대로 말하게 하라 하였더라.

　왕은 사례를 아는 박사들에게 물었다. 므무간이 왕과 방백들 앞에서 왕후 와스디가 왕에게뿐 아니라, 왕의 모든 방백들과 백성에게도 잘못하였으며 모든 부녀가 자기 남편을 멸시할 것이므로 왕후의 위(位)를 폐하고 그보다 나은 자에게 주기를 청하였고 그렇게 하면 나라의 모든 부녀가 자기 남편을 존경할 것이라고 말했다. 왕과 방백들은 그의 말을 좋게 여겼다. 왕은 므무간의 말대로 행하여 각 도 각 백성의 문자와 방언대로 모든 도에 조서를 내려, "남편으로 그 집을 주관하게 하고 자기 민족의 방언대로 말하게 하라"고 말하였다. 왕후 와스디는 한번의 잘못 때문에 그 신분과 영광과 특권을 다 잃어버렸다. 사람은 교만하면 패망한다.

　본장의 교훈을 정리해보자. 첫째로, 아하수에로의 교만과 자기 과시, 왕후 와스디의 높은 마음은 왕후의 폐위라는 큰 일을 만들어냈다. 교만은 멸망을 가져온다(잠 16:18). 우리는 교만한 마음을 조심해야 한다.

　둘째로, 와스디의 실수와 아하수에로의 진노는 다 부족한 일이었다. 아내는 자기 남편에게 복종하고 남편은 아내를 자기 몸처럼 사랑해야 한다(엡 5:22, 25). 남편과 아내는 사랑과 복종으로 한 몸이 되어야 한다.

　셋째로, 에스더서에는 하나님이라는 말이 없다. 이 책은 파사의 궁중 문서이었을 것이라고 추측된다. 비록 에스더서에 하나님이라는 말이 없지만 하나님의 섭리의 손길은 뚜렷하다. 왕의 잔치도, 왕의 명령도, 왕후의 거절도, 므무간의 조언도, 왕후의 지위를 폐한 것도 다 하나님의 섭리 가운데 되어졌다. 이 모든 일은, 유대인인 에스더가 아하수에로 왕의 부인이 되게 하셔서 유대인들을 전멸의 위기에서 구원하는 데 중요한 역할을 하게 하시고 또 약속대로 메시아께서 유다 지파를 통해 오게 하시기 위함이었다. 우리는 하늘에 계셔서 원하시는 모든 것을 행하시는 하나님의 주권적 섭리를 믿어야 한다(시 115:3; 135:6; 엡 1:11).

2장: 에스더가 왕후가 됨

〔1-4절〕 그 후에 아하수에로 왕의 노가 그치매 와스디와 그의 행한 일과 그에 대하여 내린 조서를 생각하거늘 왕의 시신(侍臣)[곁에서 섬기는 신하들]이 아뢰되 왕은 왕을 위하여 아리따운 처녀들을 구하게 하시되 전국 각 도에 관리를 명령하여 아리따운 처녀를 다 도성[수도] 수산으로 모아 후궁으로 들여 궁녀를 주관하는 내시 헤개의 손에 붙여 그 몸을 정결케 하는 물품을 주게 하시고 왕의 눈에 아름다운 처녀로 와스디를 대신하여 왕후를 삼으소서. 왕이 그 말을 선히 여겨 그대로 행하니라.

왕후 와스디를 폐위시킨 후, 아하수에로 왕은 노가 그치자 왕후에게 내린 조서를 생각했다. 그때 신하들은 나라의 아름다운 처녀들을 후궁으로 들여 그 중에서 새 왕후를 택하시기를 청했다. 왕은 그 말을 좋게 여겨 그대로 행했다. 이 모든 일은 하나님의 섭리이었다.

〔5-7절〕 도성[수도] 수산에 한 유다인[유대인]이 있으니 이름은 모르드개라. 저는 베냐민 자손이니 기스의 증손이요 시므이의 손자요 야일의 아들이라. [그는=기스는] 전에 바벨론 왕 느부갓네살이 예루살렘에서 유다 왕 여고냐[여호야긴]와 백성을 사로잡아 갈 때에 (모르드개도) 함께 사로잡혔더라. 저의 삼촌의 딸 하닷사 곧 에스더는 부모가 없고 용모가 곱고 아리따운 처녀라. 그 부모가 죽은 후에 모르드개가 자기 딸같이 양육하더라.

모르드개는 베냐민 자손 기스의 증손이었다. 전에 바벨론 왕 느부갓네살이 예루살렘에서 유다 왕 여호야긴을 사로잡아 갈 때 기스도 함께 사로잡혔던 것 같다. 원문 6절 초두의 관계대명사(아쉐르 אֲשֶׁר)는 모르드개보다 기스를 가리키는 것 같다. 여호야긴이 포로로 잡혀 왔을 때는 주전 597년경이었으며 에스더 때는 주전 479년경이었고 약 118년의 시간의 간격이 있기 때문에, 그것이 자연스러워 보인다.

하닷사 곧 에스더(파사식 이름)는 모르드개의 삼촌의 딸 즉 사촌 여동생이었다. 에스더는 부모가 없고 용모가 곱고 예쁜 처녀이었다.

그의 부모가 죽은 후에 모르드개는 그를 자기 딸같이 양육했다. 그것은 많은 수고와 물질적 지출이 필요한 일이었을 것이지만, 모르드개의 마음 속에는 부모를 여읜 어린 사촌여동생을 불쌍히 여기는 선한 마음이 있었다. 그것은 경건하고 의로운 성도의 마음이다. 그는 확실히 하나님을 경외하며 믿는 마음이 있었다(에 4:14).

〔8-11절〕 왕의 조명(詔命)[명령]이 반포되매 처녀들이 도성[수도] 수산에 많이 모여 헤개의 수하에 나아갈 때에 에스더도 왕궁으로 이끌려 가서 궁녀를 주관하는 헤개의 수하에 속하니 헤개가 이 처녀를 기뻐하여 은혜를 베풀어 몸을 정결케 할 물품과 일용품을 곧 주며 또 왕궁에서 의례히 주는 일곱 궁녀를 주고 에스더와 그 궁녀들을 후궁 아름다운 처소로 옮기더라. 에스더가 자기의 민족과 종족을 고하지 아니하니 이는 모르드개가 명하여 고하지 말라 하였음이라. 모르드개가 날마다 후궁 뜰 앞으로 왕래하며 에스더의 안부와 어떻게 될 것을 알고자 하더라.

왕의 명령이 반포되었고 처녀들은 도성 수산에 많이 모여 왕궁으로 이끌려 갔고 에스더도 그러했다. 모르드개가 에스더에게 자기의 민족과 종족을 고하지 않게 한 것은 주위의 사람들에게 유대 민족에 대한 잘못된 선입견을 주지 않게 하기 위함이었을 것이다.

〔12-15절〕 처녀마다 차례대로 아하수에로 왕에게 나아가기 전에 여자에 대하여 정한 규례대로 열두 달 동안을 행하되 여섯 달은 몰약 기름을 쓰고 여섯 달은 향품과 여자에게 쓰는 다른 물품을 써서 몸을 정결케 하는 기한을 마치며 처녀가 왕에게 나아갈 때에는 그 구하는 것을 다 주어 후궁에서 왕궁으로 가지고 가게 하고 저녁이면 갔다가 아침에는 둘째 후궁으로 돌아와서 비빈(妃嬪)[후궁]을 주관하는 내시 사아스가스의 수하에 속하고 왕이 저를 기뻐하여 그 이름을 부르지 아니하면 다시 왕에게 나아가지 못하더라. 모르드개의 삼촌 아비하일의 딸 곧 모르드개가 자기의 딸같이 양육하는 에스더가 차례대로 왕에게 나아갈 때에 궁녀를 주관하는 내시 헤개의 정한 것 외에는 다른 것을 구하지 아니하였으나 모든 보는 자에게 굄을 얻더라.

에스더는 인간적 수단 방법을 구하지 않고 하나님의 섭리에 자신을 맡겼던 것 같다. 그러나 그는 남들이 가지지 못한 순수함을 가졌던 것 같고 모든 보는 사람들에게 굄(켄 יֵֽחֵ)[총애, 사랑]을 얻었다.

〔16-18절〕 아하수에로 왕의 7년 10월 곧 데벳월에 에스더가 이끌려 왕궁에 들어가서 왕의 앞에 나아가니 왕이 모든 여자보다 에스더를 더욱 사랑하므로 저가 모든 처녀보다 왕의 앞에 더욱 은총을 얻은지라. 왕이 그 머리에 면류관을 씌우고 와스디를 대신하여 왕후를 삼은 후에 왕이 크게 잔치를 베푸니 이는 에스더를 위한 잔치라. 모든 방백과 신복을 향응[초청]하고 또 각 도의 세금을 면제하고 왕의 풍부함을 따라 크게 상[하사품들] 주니라.

왕이 모든 여자보다 에스더를 더욱 사랑하므로 그는 모든 처녀들보다 왕 앞에 더욱 은총을 얻었다. 왕은 그 머리에 면류관을 씌우고 와스디를 대신하여 왕후를 삼았다. 그런 후, 그는 에스더를 위해 잔치를 베풀었다. 또 그는 각 도의 세금을 면제하고 하사품도 내렸다.

〔19-23절〕 처녀들을 다시 모을 때에는 모르드개가 대궐 문에 앉았더라. 에스더가 모르드개의 명한 대로 그 종족과 민족을 고하지 아니하니 저가 모르드개의 명을 양육받을 때와 같이 좇음이더라. 모르드개가 대궐 문에 앉았을 때에 문 지킨 왕의 내시 빅단과 데레스 두 사람이 아하수에로 왕을 원한하여 모살하려 하거늘 모르드개가 알고 왕후 에스더에게 고하니 에스더가 모르드개의 이름으로 왕에게 고한지라. 사실(査實)[조사]하여 실정을 얻었으므로 두 사람을 나무에 달고 그 일을 왕의 앞에서 궁중 일기에 기록하니라.

모르드개가 대궐 문에 앉아 있었던 것을 보면, 그는 왕의 신하이었던 것 같다(3:2). 에스더는 모르드개의 명한 대로 그 종족과 민족을 고하지 아니하였다. 그것은 저가 모르드개의 명을 양육받을 때와 같이 좇았기 때문이었다. 에스더는 겸손하고 순종적이었다.

모르드개가 대궐 문에 앉았을 때 문 지킨 왕의 내시 빅단과 데레스 두 사람이 왕을 모살하려 한 사실을 알고 왕후 에스더에게 고하였고 그 일을 조사하여 확인했으므로 그 두 사람은 나무에 달렸고 그 일은 왕 앞에서 궁중 일기에 기록되었다. 모르드개는 의롭고 충성되었다.

왕이 신하들의 조언을 들음, 에스더에게 주신 아름다운 용모, 궁녀를 주관하는 내시의 호의, 모든 사람에게 총애를 받음, 왕의 선택과 사랑 등은 다 하나님의 섭리이었다. 그러나 그것은 또한 모르드개와 에스더의 경건과 순종과 선행에 대한 하나님의 보상이기도 하였다.

　본장의 교훈을 정리해보자. 첫째로, 모르드개는 사촌 여동생 에스더를 그 부모가 죽은 후 딸처럼 키웠다(7절). 그것은 남을 불쌍히 여기는 선한 마음을 가지고 양육의 수고와 물질적 지출을 한 선한 일이었다. 또 그는 의롭고 충성된 신하로서 왕을 위기에서 구해내었다. 모르드개의 선하고 의롭고 충성된 행위는 그의 경건함에서 나온 것이라고 보인다. 또 그는 하나님의 주권적 섭리를 믿는 믿음이 있었다(에 4:14). 우리는 경건한 자가 되어야 하고 선하고 의롭고 충성된 자가 되어야 한다. 하나님의 뜻은 우리가 하나님을 경외하고 의롭고 선하게 사는 것이다.
　둘째로, 에스더는 자기를 키워준 부모와 같은 모르드개에게 어릴 때뿐만 아니라 커서도, 심지어 왕후가 된 후에도, 순종했다. 10절, “에스더가 자기의 민족과 종족을 고하지 아니하니 이는 모르드개가 명하여 고하지 말라 하였음이라.” 20절, “에스더가 모르드개의 명한 대로 그 종족과 민족을 고하지 아니하니 저가 모르드개의 명을 양육받을 때와 같이 좇음이더라.” 교만한 자는 하나님과 사람에게 순종하지 않는다. 온유하고 겸손한 자는 하나님께 복종하고 부모에게도 순종한다. 에베소서 6:1, “자녀들아, 너희 부모를 주 안에서 순종하라. 이것이 옳으니라.” 하나님의 뜻은 사람이 자기의 부모를 공경하고 그들에게 순종하는 것이다.
　셋째로, 하나님께서는 그의 뜻 가운데 에스더를 파사 왕 아하수에로의 왕후가 되게 하셨다. 그는 에스더에게 아름다운 용모를 주셨고 또 순종하는 착한 마음을 주셨고 내시 헤개와 모든 사람들에게와 아하수에로 왕에게 사랑과 은총을 입게 하셨다. 그것은 그의 인품에서 나오는 아름다움 때문일 것이다. 에스더는 마침내 왕후가 되었다. 이 모든 일들은 하나님의 은혜와 섭리 속에 이루어졌다. 그러나 그것은 또한 경건하고 선한 모르드개와 에스더에게 주신 하나님의 상급이기도 하였다.

3장: 하만이 유대인들을 멸하려 함

〔1-7절〕 그 후에 아하수에로 왕이 아각 사람 함므다다의 아들 하만의 지위를 높이 올려 모든 함께 있는 대신 위에 두니 대궐 문에 있는 왕의 모든 신복이 다 왕의 명대로 하만에게 꿇어 절하되 모르드개는 꿇지도 아니하고 절하지도 아니하니 대궐 문에 있는 왕의 신복이 모르드개에게 이르되 너는 어찌하여 왕의 명령을 거역하느냐 하고 날마다 권하되 모르드개가 듣지 아니하고 자기는 유다인[유대인]임을 고하였더니 저희가 모르드개의 일이 어찌 되나 보고자 하여 하만에게 고하였더라. 하만이 모르드개가 꿇지도 아니하고 절하지도 아니함을 보고 심히 노하더니 저희가 모르드개의 민족을 하만에게 고한 고로 하만이 모르드개만 죽이는 것이 경하다[가볍다] 하고 아하수에로의 온 나라에 있는 유다인[유대인] 곧 모르드개의 민족을 다 멸하고자 하더라. 아하수에로 왕 12년 정월 곧 니산월에 무리가 하만 앞에서 날과 달에 대하여 부르 곧 제비를 뽑아 12월 곧 아달월을 얻은지라.

에스더가 아하수에로 왕의 왕후가 된 후에 아하수에로 왕은 아각 사람 함므다다의 아들 하만의 지위를 높이 올려 모든 함께 있는 대신 위에 두었다. '아각 사람'은 아말렉 족속의 왕 아각의 자손인 것 같다 (삼상 15:8). 대궐 문에 있는 왕의 모든 신복들은 다 왕의 명대로 하만에게 꿇어 절하였다. 그러나 모르드개는 하만에게 꿇지도 아니하고 절하지도 않았다. 대궐 문에 있는 왕의 신복들이 날마다 권하였지만, 모르드개는 듣지 않았고 자기는 유대인임을 고하였다. 그가 하만에게 꿇지도 않고 절하지도 않은 것은 사람에게 절하는 것이 예배 행위와 같다고 보았고(계 22:8) 또 아말렉 족속에게 절하는 것이 하나님의 뜻을 어긴다고 여겼기 때문일 것이다. 하나님께서는 모세에게 아말렉과 싸우도록 명령하셨고 "내가 아말렉을 도말하여 천하에서 기억함이 없게 하리라"고 말씀하셨었다(출 17:14).

성도가 세상의 통치자도 공경하고 순종해야 하지만(롬 13:1), 왕의 명령이 하나님의 법과 충돌할 때는 그것을 순종할 수 없다. 다니엘의 세 친구들은 바벨론의 느부갓네살 왕이 만든 신상에게 절하지 않는다고 풀무불에 던지웠고(단 2장), 다니엘은 왕 외에 다른 신에게 기도하지 말라는 왕의 명을 지키지 않는다고 사자굴에 던지웠다(단 6장). 보통 때는 동료들의 충고와 권면을 듣고 참고하는 것이 좋지만, 하나님의 말씀을 어기면서까지 친구의 말을 들어서는 안 된다. 모르드개는 하나님의 계명과 뜻을 믿고 행하려 할 때에 다른 사람들의 미움을 받을 것도 각오하였을 것이다.

왕의 신복들은 모르드개의 일을 하만에게 고했다. 하만은 모르드개가 꿇지도 않고 절하지도 않음을 보고 심히 노하였고 그의 민족을 듣고 모르드개만 죽이는 것이 가볍다 하고 아하수에로의 온 나라에 있는 유대인들 곧 모르드개의 민족을 다 멸하고자 했다. 개인에 대한 감정이 그의 민족에 대한 적개심으로 발전했다. 사람은 참 악한 존재이다. 아하수에로 왕 12년, 주전 473년경 정월 곧 니산월에 사람들은 하만 앞에서 날과 달에 대하여 부르(פּוּר) 곧 제비를 뽑아 12월 곧 아달월을 얻었다. 그 달은 유대인들이 몰살당하는 달이다.

〔8-11절〕 **하만이 아하수에로 왕에게 아뢰되 한 민족이 왕의 나라 각 도 백성 중에 흩어져 거하는데 그 법률이 만민보다 달라서 왕의 법률을 지키지 아니하오니 용납하는 것이 왕에게 무익하니이다. 왕이 옳게 여기시거든 조서를 내려 저희를 진멸하소서. 내가 은 1만 달란트를 왕의 일을 맡은 자의 손에 부쳐 왕의 무고(府庫)에 드리리이다. 왕이 반지를 손에서 빼어 유다인의 대적 곧 아각 사람 함므다다의 아들 하만에게 주며 이르되 그 은을 네게 주고 그 백성도 그리하노니 너는 소견에 좋을 대로 행하라 하더라.**

하만은 아하수에로 왕에게 한 민족이 왕의 법률을 지키지 않으니 용납하는 것이 왕에게 무익하다고 아뢰며 왕이 옳게 여기시면 조서를 내려 그들을 진멸하시기를 구하였고 그 일을 위해 자신이 은 1만 달란트를 왕의 보고(寶庫)(treasuries)에 드리겠다고 말하였다. 하만은 그가 멸하자고 제안하는 민족이 유대 민족인 것을 밝히지 않았다. 그것은 아마 전왕들(고레스나 다리오 왕)이 유대 민족에 대하여 호의를 베푼 역사를 알았기 때문일지도 모른다. 은 1만 달란트는 매우 큰 금액이다. 그것은 약 300톤이나 되는 분량이었다. 악인은 악한 일에 거액의 돈을 쓴다. 왕은 반지를 손에서 빼어 유대인의 대적 하만에게 주며 "너는 소견에 좋을 대로 행하라"고 허락하였다.

〔12-15절〕 정월 13일에 왕의 서기관이 소집되어 하만의 명을 따라 왕의 대신과 각 도 방백과 각 민족의 관원에게 아하수에로 왕의 이름으로 조서를 쓰되 곧 각 도의 문자와 각 민족의 방언대로 쓰고 왕의 반지로 인치니라. 이에 그 조서를 역졸[전령들]에게 부쳐 왕의 각 도에 보내니 12월 곧 아달월 13일 하루 동안에 모든 유다인을 노소나 어린아이나 부녀를 무론하고 죽이고 도륙하고 진멸하고 또 그 재산을 탈취하라 하였고 이 명령을 각 도에 전하기 위하여 조서의 초본을 모든 민족에게 선포하여 그 날을 위하여 준비하게 하라 하였더라. 역졸이 왕의 명을 받들어 급히 나가매 그 조서가 도성[수도] 수산에도 반포되니 왕은 하만과 함께 앉아 마시되 수산성은 어지럽더라.

정월 13일 왕의 서기관들이 소집되어 하만의 명을 따라 조서를 썼고 그 조서를 전령들에게 부쳐 왕의 각 도에 보내었다. 그 내용은 12월 13일 하루 동안에 모든 유대인을 노소나 어린아이나 부녀를 무론하고 죽이고 그 재산을 탈취하라는 것이었다. 그 조서는 수도 수산에도 반포되었고 수산성은 어지러웠다.

이스라엘 민족에게 큰 위기가 찾아왔다. 모르드개 한 개인이 신앙의 절개를 지키려 함이 민족적 위기로 전개되었다. 파사 제국 안의 모든 유대인들이 남김 없이 죽임을 당할 위기에 처하게 되었다. 유대 민족 전체의 멸절은 하나님의 사랑하시고 택하신 언약 백성 이스라엘의 완전한 멸절이며 무엇보다 아브라함의 씨를 통해 천하만민이 복을 얻으리라는 하나님의 메시아 계획과 약속을 좌절시키게 될 것이다. 이것은 참으로 큰 위기이었다. 하만의 악한 계획의 배후에 필경 하나님의 일을 대적하는 사탄의 활동이 있었음에 틀림없었다.

왕의 반지로 인쳐진 조서가 선포되었기 때문에 그 내용을 변경하기도 어려웠다. 그러나 하나님의 원수들인 하만과 그 동료들이 제비를 뽑아 일자를 잡은 것이 12월 13일이었고 약 11개월의 기간의 여유가 있었다. 만일 그렇지 않고 갑작스럽게 그 일이 시행되었다면 정말 돌이키기 어려울 수도 있었을 것이다. 그러나 모든 일은 하나님께서 하시는 것이다. 하나님께서는 세상의 모든 일들을 홀로 섭리하신다.

본장의 교훈을 정리해보자. <u>첫째로, 모르드개는 아각 사람 하만에게 엎드려 절하지 않았다.</u> 그것은 하만이 아말렉 자손이었기 때문일 것이다. 우리의 경배의 대상은 오직 하나님뿐이시다. 사도 베드로는 자기 앞에 절하려는 고넬료를 일으키며 절 받기를 거절했다(행 10:25-26). 우리는 사람에게 절하지 말고 오직 하나님께만 엎드려 절하는 것이 합당하다고 본다. 그런 점에서 우리는 우리나라의 세배 문화도 고쳐나가는 것이 좋다고 생각한다. 우리는 하나님께만 절하는 것이 합당하다고 본다.

<u>둘째로, 하만은, 자기에게 절하지 않는다고 모르드개만 아니고 그의 민족인 유대인들을 다 몰살시키려고 계획하였다.</u> 그것은 참으로 악한 일이었다. 우리는 하나님 앞에서 선하게 살아야 한다. 주께서는 "누구든지 네 오른편 뺨을 치거든 왼편도 돌려 대라"고 말씀하셨고 또 "너희 원수를 사랑하며 너희를 핍박하는 자를 위하여 기도하라"고 하셨다(마 5:39, 44). 우리는 우리에게 악을 행하는 지에게도 선을 베풀어야 한다.

<u>셋째로, 모르드개는 하나님 앞에서 바르게 살려고 했으나 그것이 그와 그의 민족에게 죽음의 위기가 되었다.</u> 세상에는 마귀의 시험이 많다. 사도 바울은 "무릇 그리스도 예수 안에서 경건하게 살고자 하는 자는 핍박을 받으리라"고 말했다(딤후 3:12). 하나님께서는 성도들의 믿음과 거룩함과 겸손함을 고난 속에서 단련시키신다. 신앙의 열조들의 삶이 그러하였다. 우리는 고난 중에 낙망치 말고 믿음으로 살아야 한다.

4장: 에스더가 죽을 각오를 함

〔1-3절〕 모르드개가 이 모든 일을 알고 그 옷을 찢고 굵은 베를 입으며 재를 무릅쓰고 성중에 나가서 대성통곡하며 대궐 문앞까지 이르렀으니 굵은 베를 입은 자는 대궐 문에 들어가지 못함이라. 왕의 조명(詔命)[명령과 칙령]이 각 도에 이르매 유다인이 크게 애통하여 금식하며 곡읍하며[울며] 부르짖고 굵은 베를 입고 재에 누운 자가 무수하더라.

유대 민족 전부가 죽게 된 왕의 조서 때문에 모르드개와 유대인들은 크게 애통하여 금식하며 부르짖어 기도하였다. 고난 중에 성도가 제일 먼저 할 일은 기도이다. 위기를 극복하는 길은 기도와 금식이다. 시편 50:15는 "환난 날에 나를 부르라. 내가 너를 건지리니 네가 나를 영화롭게 하리로다"고 말하였다. 야고보도 "너희 중에 고난 당하는 자가 있느냐? 저는 기도할 것이요"라고 교훈하였다(약 5:13).

〔4-11절〕 에스더의 시녀와 내시가 나아와 고하니 왕후가 심히 근심하여 입을 의복을 모르드개에게 보내어 그 굵은 베를 벗기고자 하나 모르드개가 받지 아니하는지라. 에스더가 왕의 명으로 자기에게 근시(近侍)하는 내시 하닥을 불러 명하여 모르드개에게 가서 이것이 무슨 일이며 무슨 연고인가 알아 보라 하매 하닥이 대궐 문앞 성중 광장에 있는 모르드개에게 이르니 모르드개가 자기의 당한 모든 일과 하만이 유다인을 멸하려고 왕의 부고(府庫)에 바치기로 한 은의 정확한 수효를 하닥에게 말하고 또 유다인을 진멸하라고 수산 궁에서 내린 조서 초본을 하닥에게 주어 에스더에게 뵈어 알게 하고 또 저에게 부탁하여 왕에게 나아가서 그 앞에서 자기의 민족을 위하여 간절히 구하라 하니 하닥이 돌아와 모르드개의 말을 에스더에게 고하매 에스더가 하닥에게 이르되 너는 모르드개에게 고하기를 왕의 신복과 왕의 각 도 백성이 다 알거니와 무론 남녀하고 부름을 받지 아니하고 안뜰에 들어가서 왕에게 나아가면 오직 죽이는 법이요 왕이 그 자에게 금홀을 내어 밀어야 살 것이라. 이제 내가 부름을 입어 왕에게 나아가지 못한 지가 이미 30일이라 하라.

에스더는 모르드개의 청을 완곡하게 거절한 셈이다. 그것은 왕궁의 규례에 따른 부득이한 사정 때문이었다. 왕이 부르지 않았는데도 왕에게 나아가면 죽임을 당할 수 있었다. 에스더는 벌써 30일간 부름을 받지 못하고 있었다. 그가 왕에게 나아가는 것은 어려운 일이었다.

〔12-14절〕 **그가 에스더의 말로 모르드개에게 고하매 모르드개가 그를 시켜 에스더에게 회답하되 너는 왕궁에 있으니 모든 유다인 중에 홀로 면하리라 생각지 말라. 이때에 네가 만일 잠잠하여 말이 없으면 유다인은 다른 데로 말미암아 놓임과 구원을 얻으려니와 너와 네 아비 집은 멸망하리라. 네가 왕후의 위(位)를 얻은 것이 이때를 위함이 아닌지 누가 아느냐?**

"만일 네가 잠잠하여 말이 없으면, 유대인들은 다른 데로 말미암아 구원을 얻을 것이라"는 모르드개의 말은 참으로 놀라운 그의 믿음을 보인다. 그러나 만일 에스더가 유대 민족을 위한 사명을 회피한다면, 에스더는 멸망할 것이다. 모르드개는 또 "네가 왕후의 지위를 얻은 것이 이때를 위함이 아닌지 누가 아느냐?"고 강하게 권면했다. 모르드개는 이스라엘 민족을 향한 하나님의 섭리를 믿는 가운데서 최선을 다하였다. 그의 첫 번째 권면은 장애물을 만났지만, 그는 하나님의 주권적 섭리를 믿는 믿음을 포기하지 않고 다시 강하게 권면했다.

〔15-17절〕 **에스더가 명하여 모르드개에게 회답하되 당신은 가서 수산에 있는 유다인을 다 모으고 나를 위하여 금식하되 밤낮 3일을 먹지도 말고 마시지도 마소서. 나도 나의 시녀로 더불어 이렇게 금식한 후에 규례를 어기고 왕에게 나아가리니 죽으면 죽으리이다. 모르드개가 가서 에스더의 명한 대로 다 행하니라.**

에스더는 모르드개의 간곡한 권면을 받아들였다. 그는 모르드개와 수산성의 유대인들이 자기를 위해 3일간 금식하기를 요청했다. 그는 자신도 자기 시녀들과 함께 금식한 후 왕궁의 규례를 어기고 왕에게 나아가겠다고 결심했다. 그는 "죽으면 죽으리이다"라고 말했다. 그는 유대 민족의 구원을 위해 자신의 죽음을 각오하였다. 사람의 마음은 누구나 약하다. 그러나 우리는 하나님께 기도함으로 용기를 얻는다. 위기를 대처하는 방법은 기도밖에 없다. 비상한 때에는 금식기도가 최상의 방법이다. 모르드개는 가서 에스더의 명한 대로 다 행했다.

본장의 교훈을 정리해보자. 첫째로, 에스더는 모르드개에게 수산성의 유대인들이 3일간 금식해줄 것을 요청했고 자신도 시녀들과 함께 그렇게 하겠다고 결심하였다. 고난과 위기를 극복하는 최선의 길은 살아 계신 하나님께 기도하는 것, 특히 금식하며 기도하는 것이다. 주께서는 간질병 환자를 고쳐주시면서 "기도와 금식 외에는 다른 것으로 이런 유가 나갈 수 없느니라"고 말씀하셨다(마 17:21과 막 9:29 전통사본). 고난과 위기를 대처하는 첫 번째 방법은 금식하며 기도하는 것이다.

둘째로, 모르드개는 에스더에게 왕에게 간절히 구하기를 요청하였다. 모르드개나 에스더가 할 수 있는 것은 그 일밖에 없었다. 그러나 그 일에는 어려움이 있었다. 우리는 세상에서 무슨 일을 하려고 할 때 어려움을 각오해야 하며, 고난과 위기에서 낙심치 말고 하나님께서 보이신 일, 즉 사람이 할 수 있는 최선의 일을 담대히 행해야 한다.

셋째로, 에스더는 3일 금식한 후 왕궁의 규례를 어기고 죽으면 죽으리라는 각오로 왕에게 나아가기를 결심하였다. 이것은 유대 백성 곧 이스라엘 백성을 위한 그의 희생적 헌신이었다. 예수께서는 그의 제자들에게 "아무든지 나를 따라 오려거든 자기를 부인하고 자기 십자가를 지고 나를 좇을 것이니라. 누구든지 제 목숨을 구원코자 하면 잃을 것이요 누구든지 나를 위하여 제 목숨을 잃으면 찾으리라"고 말씀하셨다(마 16:24-25). 자기 목숨을 아까워하는 자는 주님의 참 제자가 될 수 없다.

오늘날 하나님의 뜻은 전도와 영혼 구원, 참된 교회의 건립과 구원받은 영혼들의 양육과 세계복음화이다. 이 하나님의 뜻은 마귀과 악령들과 악한 사람들의 비방과 방해 없이 이루어지지 않을 것이다. 우리는 이 일을 위해 기도하며 금식하고 하나님께서 보이시는 길, 우리가 할 수 있는 최선의 길을 가야 하며 죽을 각오로 주님을 따라야 한다.

5장: 에스더의 첫 번째 잔치

〔1-4절〕 제3일에 에스더가 왕후의 예복을 입고 왕궁 안뜰 곧 어전 맞은편에 서니 왕이 어전에서 전 문을 대하여 보좌에 앉았다가 왕후 에스더가 뜰에 선 것을 본즉 심히 사랑스러우므로 손에 잡았던 금홀을 그에게 내어미니 에스더가 가까이 가서 금홀 끝을 만진지라. 왕이 이르되 왕후 에스더여, 그대의 소원이 무엇이며 요구가 무엇이뇨? 나라의 절반이라도 그대에게 주겠노라. 에스더가 가로되 오늘 내가 왕을 위하여 잔치를 베풀었사오니 왕이 선히 여기시거든 하만과 함께 임하소서.

"제3일에" 즉 에스더가 모르드개에게 수산성의 모든 유대인들과 함께 금식하라고 부탁하고 자신도 시녀들과 함께 금식했던 그 3일이 끝나가려 한 때에, 아직 그가 금식한 후에 음식을 입에 대지 않았을 그때, 에스더는 왕후의 예복을 입고 왕궁 안뜰에 들어가 어전(御殿) 맞은편에 섰다. 왕은 어전에서 전 문을 대하여 보좌에 앉았다가 왕후 에스더가 뜰에 선 것을 본즉 심히 사랑스러웠다. "심히 사랑스럽다"는 원문(나세아 켄 베에나우 נָשְׂאָה חֵן בְּעֵינָיו)은 "그 여자는 그의 눈에 은혜를 얻었다"는 뜻이다. 왕은 그의 손에 잡았던 금홀을 그에게 내밀었고 에스더는 가까이 가서 금홀 끝을 만졌다. 에스더는 왕의 은혜와 호의를 얻었다. 왕은 그에게 소원이 무엇인지 물었고 나라의 절반이라도 그에게 주겠다고 말하였다. 이것은 대단한 호의이었다. 이것은 확실히 금식기도의 응답이었다. 왕에게 그의 소원을 아뢰어 허락을 받는 일이 남아 있으나 일단 왕에게 그의 소원을 아뢸 수 있는 기회를 얻었다. 에스더는 우선 왕과 하만을 잔치에 초청하였다.

〔5-8절〕 왕이 가로되 에스더의 말한 대로 하도록 하만을 급히 부르라 하고 이에 왕이 하만과 함께 에스더의 베푼 잔치에 나아가니라. 잔치의 술을 마실 때에 왕이 에스더에게 이르되 그대의 소청이 무엇이뇨? 곧 허락하겠노라. 그대의 요구가 무엇이뇨? 나라의 절반이라 할지라도 시행하겠노라.

에스더가 대답하여 가로되 나의 소청, 나의 요구가 이러하니이다. 내가 만일 왕의 목전에서 은혜를 입었고 왕이 내 소청을 허락하시며 내 요구를 시행하시기를 선히 여기시거든 내가 왕과 하만을 위하여 베푸는 잔치에 또 나아오소서. 내일은 왕의 말씀대로 하리이다.

왕은 하만과 함께 에스더의 베푼 잔치에 나아갔다. 잔치에서 술을 마실 때에 왕은 에스더에게 나라의 절반이라도 주겠다고 말하며 그의 소원을 물었다. 에스더는 왕에게 한번 더 자신이 마련한 잔치에 오시기를 청하며 내일은 그의 소원을 말하겠다고 말했다. 에스더가 소원을 더디 말한 까닭은 과연 왕의 허락을 받아낼 수 있을까 하는 사람의 연약한 마음과 주저함 때문이었을 것이다. 그러나 3일이 지나 제4일이 되는 날, 그는 왕에게 소원을 아뢸 것이다. 또 그가 왕에게 신하 하만과 함께 오시게 한 까닭은 하만 앞에서 그의 요청을 아뢰어 왕이 그 일을 확인할 수 있게 하기 위함이었을 것이다.

〔9-14절〕 이 날에 하만이 마음이 기뻐 즐거이 나오더니 모르드개가 대궐 문에 있어 일어나지도 아니하고 몸을 움직이지도 아니하는 것을 보고 심히 노하나 참고 집에 돌아와서 사람을 보내어 그 친구들과 그 아내 세레스를 청하여 자기의 부성(富盛)한 영광(케보드 오스로 כְּבוֹד עָשְׁרוֹ)[그의 재물의 영광, 그의 재산의 풍부함]과 자녀가 많은 것과 왕이 자기를 들어 왕의 모든 방백이나 신복들보다 높인 것을 다 말하고 또 가로되 왕후 에스더가 그 베푼 잔치에 왕과 함께 오기를 허락 받은 자는 나밖에 없었고 내일도 왕과 함께 청함을 받았느니라. 그러나 유다 사람 모르드개가 대궐 문에 앉은 것을 보는 동안에는 이 모든 일이 만족하지 아니하도다. 그 아내 세레스와 모든 친구가 이르되 50규빗[약 25미터]이나 높은 나무를 세우고 내일 왕에게 모르드개를 그 나무에 달기를 구하고 왕과 함께 즐거이 잔치에 나아가소서. 하만이 그 말을 선히 여기고 명하여 나무를 세우니라.

하만은 마음이 기뻐 즐거이 그 잔치자리에서 나왔으나 모르드개가 대궐 문에 있어 일어나지도 않고 몸을 움직이지도 않는 것을 보고 심히 노했으나 참고 집에 돌아왔다. 그는 친구들과 그 아내 세레스를 청해 자신의 재산의 많음과 자녀들의 많음과 권세와 지위의 높음을 자랑하였다. 그러나 이 세상의 재산이나 자녀들이나 세상의 권세와 명예 등 이 세상의 헛된 것들을 자랑하는 것은 악한 일이다. 또 하만과 그의 아내 세레스와 그의 친구들은 매우 악한 자이었다. 그들은 모르드개를 나무에 달아 죽이기를 왕에게 청하려고 작정하였다. 그들은 그를 매달기 위해 약 25미터 되는 높은 나무를 하만의 집 뜰에 세웠다. 모든 유대인들을 죽이라고 공포된 하만의 계획을 변경시키기 위해 금식기도하며 애쓰는 모르드개와 에스더의 활동을 사탄은 싫어했고 두려워했고 조급한 마음으로 우선 하만과 그 아내와 친구들 마음 속에 모르드개를 죽이려는 생각을 넣었던 것 같다. 그러나 하나님을 대적하는 그들의 계획은 실패할 것이다.

본장의 교훈을 정리해보자. <u>첫째로, 아하수에로 왕이 에스더에게 특별한 호의를 베푼 것은 하나님께서 주신 기도의 응답이었다.</u> 모르드개와 수산성의 모든 유대인들과 에스더와 그의 시녀들의 3일간의 간절한 금식기도는 결코 헛되지 않았다. 우리는 사람의 마음이 하나님의 손에 있는 줄 알고 어려운 일이 있을 때 오직 하나님께 기도해야 한다.

<u>둘째로, 하만이 재산과 자녀와 권세와 명예를 자랑하는 것은 악한 일이다.</u> 야고보는 허탄한 자랑이 다 악한 것이라고 말했다(약 4:16). 사도 요한도 우리가 이 세상이나 세상에 있는 허무한 것들을 사랑치 말아야 한다고 교훈했다(요일 2:15-17). 우리는 헛된 자랑을 하지 말아야 한다.

<u>셋째로, 하만은 모르드개가 자기에게 절하지 않는다는 이유로 그와 그의 민족을 다 멸절시키려고 왕의 조서를 받아 내어 선포하였고 그것도 부족하여 그 아내 세레스와 그의 친구들과 함께 모르드개를 자기의 집 뜰에 세운 높은 장대에 매달아 죽이려고 계획했다.</u> 그들은 다 매우 악한 자들이었다. 하나님의 뜻은 우리가 이웃을 우리 몸과 같이 사랑하는 것이다. 우리는 이웃에 대해 악한 생각과 마음을 다 버려야 한다.

6장: 왕이 모르드개를 존귀케 함

〔1-3절〕 이 밤에 왕이 잠이 오지 아니하므로 명하여 역대 일기를 가져다가 자기 앞에서 읽히더니 그 속에 기록하기를 문[대궐 문] 지킨 왕의 두 내시 빅다나와 데레스가 아하수에로 왕을 모살하려 하는 것을 모르드개가 고발하였다 하였는지라. 왕이 가로되 이 일을 인하여 무슨 존귀와 관작을 모르드개에게 베풀었느냐? 시신이 대답하되 아무것도 베풀지 아니하였나이다.

본문은 하나님께서 쉬지 않고 일하고 계심을 증거한다. 예수께서는 "내 아버지께서 이제까지 일하시니 나도 일한다"고 말씀하셨다 (요 5:17). 하만이 그의 아내와 그의 친구들과 의논하여 모르드개를 달아 죽이기로 하고 나무를 자기의 집 뜰에 세운 그 날 밤에, 즉 하만이 악을 계획하였던 그 밤에, 하나님께서는 모르드개를 위해 다른 한 일을 이루고 계셨다. 이것이 살아계신 하나님의 신기한 섭리이다!

하나님께서는, 왕으로 하여금 밤에 잠이 오지 않게 하셨고, 신하에게 명하여 역대 일기를 읽게 하셨고, 그 중에서 대궐 문을 지킨 왕의 두 내시 빅다나와 데레스가 왕을 모살하려는 계획을 모르드개라는 신하가 고발한 부분을 읽게 하셨고, 그 일로 인해 모르드개에게 무슨 존귀와 관작을 주었는지 묻게 하셨고, 왕으로 하여금 모르드개에게 높은 상을 줄 마음을 갖게 하셨다. 시편 115:3은, "우리 하나님은 하늘에 계셔서 원하시는 모든 것을 행하셨나이다"라고 말한다.

하루만 지났어도 모르드개는 아마 죽었을 것이다. 그러나 하나님께서는 적절한 때에 역사하셨다. 이스라엘 백성의 홍해 사건도 일촉즉발의 위기 상황에서 일어났었다(출 14장). 고린도전서 10:13, "사람이 감당할 시험밖에는 너희에게 당한 것이 없나니 오직 하나님은 미쁘사 너희가 감당치 못할 시험 당함을 허락지 아니하시고 시험 당할 즈음에 또한 피할 길을 내사 너희로 능히 감당하게 하시느니라."

〔4-9절〕 왕이 가로되 누가 뜰에 있느냐? 마침 하만이 자기가 세운 나무에 모르드개 달기를 왕께 구하고자 하여 왕궁 바깥뜰에 이른지라. 시신(侍臣)이 고하되 하만이 뜰에 섰나이다. 왕이 가로되 들어오게 하라 하니 하만이 들어오거늘 왕이 묻되 왕이 존귀케 하기를 기뻐하는 사람에게 어떻게 하여야 하겠느뇨? 하만이 심중에 이르되 왕이 존귀케 하기를 기뻐하시는 자는 나 외에 누구리요 하고 왕께 아뢰되 왕께서 사람을 존귀케 하시려면 왕의 입으시는 왕복과 왕의 타시는 말과 머리에 쓰시는 왕관을 취하고 그 왕복과 말을 왕의 방백 중 가장 존귀한 자의 손에 붙여서 왕이 존귀케 하시기를 기뻐하시는 사람에게 옷을 입히고 말을 태워서 성중 거리로 다니며 그 앞에서 반포하여 이르기를 왕이 존귀케 하기를 기뻐하시는 사람에게는 이같이 할 것이라 하게 하소서.

〔10-12절〕 이에 왕이 하만에게 이르되 너는 네 말대로 속히 왕복과 말을 취하여 대궐 문에 앉은 유다 사람 모르드개에게 행하되 무릇 네가 말한 것에서 조금도 빠짐이 없이 하라. 하만이 왕복과 말을 취하여 모르드개에게 옷을 입히고 말을 태워 성중 거리로 다니며 그 앞에서 반포하되 왕이 존귀케 하시기를 기뻐하시는 사람에게는 이같이 할 것이라 하니라. 모르드개는 다시 대궐 문으로 돌아오고 하만은 번뇌하여[슬퍼하며] 머리를 싸고 급히 집으로 돌아와서.

왕은 유대인의 멸망에 대한 일을 몰랐던 것 같다. 하만은 멸망시킬 민족의 이름을 왕에게 알리지 않았던 것 같다(에 3:8). 교만한 하만이 자기를 높이려 한 일은 오히려 자기에게 큰 수치가 되었다. 반면에, 모르드개는 하만 앞에서 존귀함을 얻었다. 이것은 앞으로 되어질 일을 예시하였다. 하나님께서는 하만의 계획을 막으시고 좌절시키시고 헛되게 하실 것이다. 그는 하만의 계획과 정반대의 일을 행하실 것이다. 모르드개는 하만 앞에 존귀함을 얻고 하만은 모르드개 앞에 수치를 당할 것이다. 하나님께서는 종종 사람의 악한 일을 좌절시키시고 정반대 일을 이루신다. 다윗은 시편 23:5에서 "주께서 내 원수의 목전에서 내게 상[식탁]을 베푸셨다"고 말했다. 사울은 다윗을 죽이려 했으나, 하나님께서는 다윗이 사울을 이어 온 이스라엘의 왕이 되게 하셨다. 하나님께서는 사람들의 교만을 꺾으시고 그의 뜻을 이루신다.

〔13-14절〕 자기의 당한 모든 일을 그 아내 세레스와 모든 친구에게 고하매 그 중 지혜로운 자와 그 아내 세레스가 가로되 모르드개가 과연 유다 족속이면 당신이 그 앞에서 굴욕을 당하기 시작하였으니 능히 저를 이기지 못하고 분명히 그 앞에 엎드러지리이다. 아직 말이 그치지 아니하여서 왕의 내시들이 이르러 하만을 데리고 에스더의 베푼 잔치에 빨리 나아가니라.

그 아내와 친구들은 과거에 하나님께서 유대인들과 함께하셨음을 들었거나 보았던 것 같다. 잠언 10:24는, "악인에게는 그의 두려워하는 것이 임하거니와 의인은 그 원하는 것이 이루어지느니라"고 말한다. 옛날에 사울도 다윗을 죽이려 하면서 다윗이 이스라엘 왕이 될 것을 알고 있었다(삼상 23:17). 악인들은 결국 망하고 말 것이다.

본장의 교훈은 무엇인가? 하나님께서는 그의 기쁘신 뜻 가운데 악인을 자기의 꾀에 빠지게 하시고 그의 악한 계획을 좌절시키시고 오히려 정반대의 일을 이루신다. 요셉의 형들이 요셉을 미워해 이스마엘 사람들에게 종으로 팔았으나, 하나님께서는 그를 애굽 총리가 되게 하셨고 그의 온 가족들을 구원하는 자가 되게 하셨다. 사울 왕이 10여년 동안 다윗을 죽이려 했지만, 하나님께서는 다윗을 지키셨고 마침내 이스라엘의 왕이 되게 하셨다. 이와 같이, 모르드개도 그로 인해 유대 민족이 몰살되고 자신도 나무에 달릴 위기가 왔으나, 하나님께서는 그를 존귀케 하셨고 또 그와 유다 민족을 구원해주실 것이다. 그러므로 우리는 악인이 되지 말고 악을 계획하거나 행하지 말아야 한다. 악인은 얼마 동안 세력을 얻는 것 같으나 결국 망하고 만다. 시편 1:6, "대저 의인의 길은 여호와께서 인정하시나 악인의 길은 망하리로다." 우리는 모든 악을 버리고 하나님 앞에서 믿음으로만 살고 모든 계명을 순종하여 거룩하고 정직하고 선하고 진실하게만 살아야 한다. 로마서 12:9, "사랑엔 거짓이 없나니 악을 미워하고 선에 속하라." 데살로니가전서 5:21-22, "범사에 헤아려 좋은 것을 취하고 악은 모든 모양이라도 버리라."

7-8장: 유대인들이 구원을 받음

〔7:1-4〕 왕이 하만과 함께 또 왕후 에스더의 잔치에 나아가니라. 왕이 이 둘째 날 잔치에 술을 마실 때에 다시 에스더에게 물어 가로되 왕후 에스더여, 그대의 소청이 무엇이뇨? 곧 허락하겠노라. 그대의 요구가 무엇이뇨? 곧 나라의 절반이라 할지라도 시행하겠노라. 왕후 에스더가 대답하여 가로되 왕이여, 내가 만일 왕의 목전에서 은혜를 입었으며 왕이 선히 여기시거든 내 소청대로 내 생명을 내게 주시고 내 요구대로 내 민족을 내게 주소서. 나와 내 민족이 팔려서 죽임과 도륙함과 진멸함을 당하게 되었나이다. 만일 우리가 노비로 팔렸더면 내가 잠잠하였으리이다. 그래도 대적이 왕의 손해를 보충하지 못하였으리이다[그러나 그 재난이 왕의 손실과 비교할 수 없으리이다].9)

에스더는 두 번째 잔치 자리에서 자신의 소원을 왕에게 아뢰었다. 그는 자신의 생명과 자기 민족의 생명을 구해주시기를 요청했다. 또 그는 그의 민족의 몰살이 큰 일이지만, 그것보다 왕의 손실 즉 왕국에 세금이나 노동력의 손실이 더 클 것이라고 말했다고 보인다.

〔5-7절〕 아하수에로 왕이 왕후 에스더에게 일러 가로되 감히 이런 일을 심중에 품은 자가 누구며 그가 어디 있느뇨? 에스더가 가로되 대적과 원수는 이 악한 하만이니이다 하니 하만이 왕과 왕후 앞에서 두려워하거늘 왕이 노하여 일어나서 잔치 자리를 떠나 왕궁 후원으로 들어가니라. 하만이 일어서서 왕후 에스더에게 생명을 구하니 이는 왕이 자기에게 화를 내리기로 결심한 줄 앎이더라.

〔8-10절〕 왕이 후원으로부터 잔치 자리에 돌아오니 하만이 에스더의 앉은 걸상 위에 엎드렸거늘 왕이 가로되 저가 궁중 내 앞에서 왕후를 강간[폭행]까지 하고자 하는가? 이 말이 왕의 입에서 나오매 무리가 하만의 얼굴을

---

9) 한글개역성경은 옛날 영어성경(KJV)과 같고 근래의 한 영어성경은 "이는 그 고통이 왕으로 성가시게 할 만하지 못할 것임이니이다"라고 번역했으나(NASB), 원문의 뜻은 수정한 본문과 같다고 보인다.

싸더라. 왕을 모신 내시 중에 하르보나가 왕에게 아뢰되 왕을 위하여 충성된 말로 고발한 모르드개를 달고자 하여 하만이 고가 50규빗[약 25미터] 되는 나무를 준비하였는데 이제 그 나무가 하만의 집에 섰나이다. 왕이 가로되 하만을 그 나무에 달라 하매 모르드개를 달고자 한 나무에 하만을 다니 왕의 노가 그치니라.

'강간하다'는 원어(카바쉬 כָּבַשׁ)는 '폭행하다'(BDB, KJV, NASB), '강간하다'(KB)는 뜻이다. 왕은 하만이 모르드개를 나무에 달아 죽이려 한 것을 듣고 그를 그 나무에 달게 했다. 그때 왕의 노가 그쳤다.

〔8:1-2〕 당일에 아하수에로 왕이 유다인의 대적 하만의 집을 왕후 에스더에게 주니라. 에스더가 모르드개는 자기에게 어떻게 관계됨을 왕께 고한 고로 모르드개가 왕의 앞에 나아오니 왕이 하만에게 거둔 반지를 빼어 모르드개에게 준지라. 에스더가 모르드개로 하만의 집을 주관하게 하니라.

하만의 집은 완전히 망하게 되었다. 왕의 총애를 받고 높은 지위와 권세, 부귀와 영광을 누렸던 모든 특권을 하루아침에 다 빼앗기고 그는 나무에 달려 죽임을 당했고 그 권세는 빼앗겼고 그의 집을 주관할 권세가 모르드개에게 주어졌다. 그가 왕에게서 받았던 반지는 모르드개에게 넘겨졌다. 교만하고 심히 악했던 그는 망하였다.

〔3-8절〕 에스더가 다시 왕의 앞에서 말씀하며 왕의 발아래 엎드려 아각 사람 하만이 유다인을 해하려 한 악한 꾀를 제하기를 울며 구하니 왕이 에스더를 향하여 금홀을 내어미는지라. 에스더가 일어나 왕의 앞에 서서 가로되 왕이 만일 즐겨하시며 내가 왕의 목전에 은혜를 입었고 또 왕이 이 일을 선히(카쉐르 כָּשֵׁר)[합당하게, 유익하게](BDB) 여기시며 나를 기쁘게 보실진대 조서를 내리사 아각 사람 함므다다의 아들 하만이 왕의 각 도에 있는 유다인을 멸하려고 꾀하고 쓴 조서를 취소하소서. 내가 어찌 내 민족의 화 당함을 참아 보며 내 친척의 멸망함을 참아 보리이까? 아하수에로 왕이 왕후 에스더와 유다인 모르드개에게 이르되 하만이 유다인을 살해하려 하므로 나무에 달렸고 내가 그 집으로 에스더에게 주었으니 너희는 왕의 명의로 유다인에게 조서를 뜻대로 쓰고 왕의 반지로 인을 칠지어다. 왕의 이름을 쓰고 왕의 반지로 인친 조서는 누구든지 취소할 수 없음이니라.

에스더 7-8장: 유대인들이 구원을 받음

에스더는 두 번째로 왕에게 나아가 그 앞에서 말하며 그의 발아래 엎드려 하만이 유대인들을 해하려 한 악한 계획을 없이하여 주기를 울며 구하였다. 아하수에로 왕은 왕후 에스더의 간청을 들어주었다. 이제 유대인들은 몰살의 위기에서 구원을 얻게 되었다.

[9-14절] 그때 시완월 곧 3월 23일에 왕의 서기관이 소집되고 무릇 모르드개의 시키는 대로 조서를 써서 인도로부터 구스까지의 127도 유다인과 대신과 방백과 관원에게 전할새 각 도의 문자와 각 민족의 방언과 유다인의 문자와 방언대로 쓰되 아하수에로 왕의 명의로 쓰고 왕의 반지로 인을 치고 그 조서를 역졸[전령]들에게 부쳐 전하게 하니 저희는 왕궁에서 길러서 왕의 일에 쓰는 준마를 타는 자들이라. 조서에는 왕이 여러 고을에 있는 유다인에게 허락하여 저희로 함께 모여 스스로 생명을 보호하여 각 도의 백성 중 세력을 가지고 저희를 치려 하는 자와 그 처자를 죽이고 도륙하고 진멸하고[다 멸하고] 그 재산을 탈취하게 하되 아하수에로 왕의 각 도에서 아달월 곧 12월 13일 하루 동안에 하게 하였고 이 조서 초본을 각 도에 전하고 각 민족에게 반포하고 유다인으로 예비하였다가 그 날에 대적에게 원수를 갚게 한지라. 왕의 명이 심히 급하매 역졸[전령들]이 왕의 일에 쓰는 준마를 타고 빨리 나가고 그 조서가 도성[수도] 수산에도 반포되니라.

[15-17절] 모르드개가 푸르고(테켈렛 תְּכֵלֶת)[보라색(혹은 전통적으로 파랑색)과] 흰[흰색] 조복(朝服)을 입고 큰 금면류관을 쓰고 자색 가는 베 겉옷을 입고 왕의 앞에서 나오니 수산성이 즐거이 부르며 기뻐하고 유다인에게는 영광과 즐거움과 기쁨과 존귀함이 있는지라. 왕의 조명[명령]이 이르는 각 도, 각 읍에서 유다인이 즐기고 기뻐하여 잔치를 베풀고 그 날로 경절을 삼으니 본토 백성이 유다인을 두려워하여 유다인 되는 자가 많더라.

본문의 교훈을 정리해보자. 첫째로, 에스더는 금식 기도하였고 교만하지 않고 겸손히 자신을 바쳤고 지혜롭고 신중하게, 그러나 단호하고, 용기 있게 처신했다. 그는 두 번째 잔치 자리에서 왕에게 하만을 확실하게 고발하였다. 왕은 그의 말을 받아들였고 하만에게 진노했고 즉시 그를 징벌했다. 이것은 하나님께서 주신 기도 응답이었다. 에스더는 두 번째로 왕에게 나아가 그의 민족의 구원을 간청하였다. 우리는 에스더의 믿음과 지혜와 자기 희생적 헌신의 용기를 본받아야 한다. 우리는 우리를 위해 죽으시고 다시 사신 주 예수 그리스도를 위해 우리의 몸과 목숨을 즐거이 드리며 하나님의 교회를 위해 힘있게 충성해야 한다.

둘째로, 하나님께서는 자기 백성을 결코 버리지 않으셨고 유대인들을 민족적 몰살의 위기에서 기이하게 건져주셨다. 그것은 기이한 구원의 사건이었다. 그것은 그들의 기도 응답, 특히 금식기도의 응답이었다. 모르드개도, 수산성의 유대인들도, 에스더와 그의 시녀들도 금식하며 기도하였고 하나님께서는 그 기도를 응답하셨다. 실상 죄로 인해 지옥 갈 인류를 건져주심은 이 일보다 더 놀라운 일이었다. 그것은 하나님의 백성의 간절한 기도의 응답이었다. 하나님께서는 만세 전에 택한 백성을 위해 독생자를 구주로 보내주셨다. 그는 자기 백성을 결코 버리지 않으시고 놀라운 구원의 손으로 도우신다. 그러므로 우리는 세상에서 어려운 문제가 있을 때 낙망치 말고 하나님을 의지하며 기도해야 한다.

셋째로, 교만하고 악한 하만과 그 가족들과 그와 뜻을 같이한 자들은 다 망했다. 하만은 교만하였고 모르드개가 절하지 않는 것을 불쾌하게 생각해 그와 유대 민족 전체를 죽이려 했다. 높은 지위가 그에게 유익이 되지 못했고 오히려 빨리 멸망하는 계기가 되었다. 사람은 교만하면 멸망한다. 하만은 모르드개 뿐만 아니라, 그의 민족인 유대 민족 전체를 죽이려고 악한 계획을 하고 왕의 허락을 받아 전국에 조서를 내렸다. 또 그는 모르드개를 달아 죽이려고 자기 집 뜰에 높은 나무를 세웠다. 그러나 하나님께서는 하만이 모르드개에게 행하려 한 대로 보응하셨다. 시편 7:15, "저가 웅덩이를 파 만듦이여, 제가 만든 함정에 빠졌도다." 또 하나님께서는 하만의 계획대로 나라 전체에서 유대인들을 죽이려고 했던 자들을 다 죽이셨다. 그는 악한 자들을 징벌하신다. 그는 살아계시고 그가 정하신 때에 역사 속에서 또 마지막 심판대에서 악인들을 공의로 심판하신다. 교만하고 악한 자들은 다 멸망하고 말 것이다.

9-10장: 유대인들이 대적들을 멸함

〔9:1-10〕 아달월 곧 12월 13일은 왕의 조명(詔命)을 행하게 된 날이라. 유다인의 대적이 저희를 제어하기를 바랐더니 유다인이 도리어 자기를 미워하는 자를 제어하게 된 그 날에 유다인들이 아하수에로 왕의 각 도, 각 읍에 모여 자기를 해하고자 하는 자를 죽이려 하니 모든 민족이 저희를 두려워하여 능히 막을 자가 없고 각 도 모든 관원과 대신과 방백과 왕의 사무를 보는 자들이 모르드개를 두려워하므로 다 유다인을 도우니 모르드개가 왕궁에서 존귀하여 점점 창대하매 이 사람 모르드개의 명성이 각 도에 퍼지더라. 유다인이 칼로 그 모든 대적을 쳐서 도륙하고 진멸하고 자기를 미워하는 자에게 마음대로 행하고 유다인이 또 도성[수도] 수산에서 5백인을 죽이고 멸하고 또 바산다다와 달본과 아스바다와 보라다와 아달리야와 아리다다와 바마스다와 아리새와 아리대와 왜사다 곧 함므다다의 손자요 유다인의 대적 하만의 열 아들을 죽였으나 그 재산에는 손을 대지 아니하였더라.

하나님께서는 유대인의 대적들의 계획을 정반대로 만드셨다. 유대인의 대적들은 유대인들을 다 멸하려 했으나 도리어 죽임을 당했다. 유대인들은 그 모든 대적들을 죽였다. 하만의 세상 권세와 자녀 많음의 자랑은 하루아침에 무너졌다. 그들의 재산도 취하라는 왕의 허락이 있었으나(8:11), 유대인들이 그 대적들의 재산에 손을 대지 않은 것은 그들의 의도가 오직 공의의 보응에 있었음을 보였다.

〔11-19절〕 그 날에 도성[수도] 수산에서 도륙한 자의 수효를 왕께 고하니 왕이 왕후 에스더에게 이르되 유다인이 도성[수도] 수산에서 이미 5백인을 죽이고 멸하고 또 하만의 열 아들을 죽였으니 왕의 다른 도에서는 어떠하였겠느뇨? 이제 그대의 소청이 무엇이뇨? 곧 허락하겠노라. 그대의 요구가 무엇이뇨? 또한 시행하겠노라. 에스더가 가로되 왕이 만일 선히 여기시거든 수산에 거하는 유다인으로 내일도 오늘날 조서대로 행하게 하시고 하만의 열 아들의 시체를 나무에 달게 하소서. 왕이 그대로 행하기를 허락하고 조서를 수산에 내리니 하만의 열 아들의 시체가 달리니라. 아달월 14일에도 수산에 있는 유다인이 모여 또 3백인을 수산에서 도륙하되 그 재산에

는 손을 대지 아니하였고 왕의 각 도에 있는 다른 유다인들이 모여 스스로 생명을 보호하여 대적들에게서 벗어나며 자기를 미워하는 자 7만 5천인을 도륙하되 그 재산에는 손을 대지 아니하였더라. 아달월 13일에 그 일을 행하였고 14일에 쉬며 그 날에 잔치를 베풀어 즐겼고 수산에 거한 유다인은 13일과 14일에 모였고 15일에 쉬며 이 날에 잔치를 베풀어 즐긴지라. 그러므로 촌촌의 유다인 곧 성이 없는 고을 고을에 거하는 자들이 아달월 14일로 경절을 삼아 잔치를 베풀고 즐기며 서로 예물을 주더라.

수산성에서 이틀 동안 8백명, 전국적으로 7만 5천명이 죽임을 당한 것은 하만의 악한 계획에 동조하여 악한 일에 앞장서려 했던 자들에 대한 하나님의 엄중한 심판이었다. 하나님께서는 슬픔과 두려움 속에서 금식하며 부르짖었던 유대인들에게 이렇게 보상하셨다.

〔20-28절〕 모르드개가 이 일을 기록하고 아하수에로 왕의 각 도에 있는 모든 유다인에게 무론 원근하고 글을 보내어 이르기를 한 규례를 세워 해마다 아달월 14일과 15일을 지키라. 이 달 이 날에 유다인이 대적에게서 벗어나서 평안함을 얻어 슬픔이 변하여 기쁨이 되고 애통이 변하여 길한 날(욤 토브 טוב יום)[좋은 날](KJV)이 되었으니 이 두 날을 지켜 잔치를 베풀고 즐기며 서로 예물을 주며 가난한 자를 구제하라 하매 유다인이 자기들의 이미 시작한 대로 또는 모르드개의 보낸 글대로 계속하여 행하였으니 곧 아각 사람 함므다다의 아들 모든 유다인의 대적 하만이 유다인을 진멸하기를 꾀하고 부르(푸르 פור) 곧 제비를 뽑아 저희를 죽이고 멸하려 하였으나 에스더가 왕의 앞에 나아감을 인하여 왕이 조서를 내려 하만이 유다인을 해하려던 악한 꾀를 그 머리에 돌려보내어 하만과 그 여러 아들을 나무에 달게 하였으므로 무리가 부르의 이름을 좇아 이 두 날을 부림(푸림 פורים)이라 하고 유다인이 이 글의 모든 말과 이 일에 보고 당한 것을 인하여 뜻을 정하고 자기와 자손과 자기와 화합한 자들이 해마다 그 기록한 정기에 이 두 날을 연하여 지켜 폐하지 아니하기로 작정하고 각 도, 각 읍, 각 집에서 대대로 이 두 날을 기념하여 지키되 이 부림일을 유다인 중에서 폐하지 않게 하고 그 자손 중에서도 기념함이 폐하지 않게 하였더라.

이것이 부림절(12월 14일과 15일)의 시작이었다. 이것은 하나님의 섭리와 감동 가운데 모르드개와 에스더가 제정했으나, 이미 유대인들이 자발적으로 시작한 것이었다. 그것은 죽음의 위협을 벗어나 평안을 얻고 슬픔과 애통이 변하여 기쁨이 된 것을 기념하는 절기이다. 하나님께서는 유대인들에게 기쁨과 즐거움을 주셨다. 하나님의 본심은 우리로 고생하며 근심하게 하는 것이 아니고 기쁨과 평안을 주시는 것이다. 애가 3:33, "주께서 인생으로 고생하며 근심하게 하심이 본심이 아니시로다." 시편 30:5, "그 노염은 잠깐이요 그 은총은 평생이로다. 저녁에는 울음이 기숙할지라도 아침에는 기쁨이 오리로다."

[29-32절] 아비하일의 딸 왕후 에스더와 유다인 모르드개가 전권으로 글을 쓰고 부림에 대한 이 둘째 편지를 굳이 지키게 하되 화평하고 진실한 말로 편지를 써서 아하수에로의 나라 127도에 있는 유다 모든 사람에게 보내어 정한 기한에 이 부림일을 지키게 하였으니 이는 유다인 모르드개와 왕후 에스더의 명한 바와 유다인이 금식하며 부르짖은 것을 인하여 자기와 자기 자손을 위하여 정한 바가 있음이더라. 에스더의 명령이 이 부림에 대한 일을 견고히 하였고 그 일이 책에 기록되었더라.

에스더서에 기록된 하나님의 놀라운 구원은 "유대인들의 금식하며 부르짖는 것을 인하여"(31절) 이루어졌다. 간절한 기도는 하나님의 뜻을 이루시는 섭리의 한 방편이다(겔 36:37).

[10:1-3] 아하수에로 왕이 그 본토와 바다 섬들로 공을 바치게 하였더라. 왕의 능력의 모든 행적과 모르드개를 높여 존귀케 한 사적이 메대와 바사 열왕의 일기에 기록되지 아니하였느냐? 유다인 모르드개가 아하수에로 왕의 다음이 되고 유다인 중에 존대하여 그 허다한 형제에게 굄을 받고 그 백성의 이익을 도모하며 그 모든 종족을 안위하였더라.

아하수에로 왕이 모르드개를 높여 존귀하게 한 일은 메대와 바사 열왕의 일기에 기록되었다. 모르드개는 유대인들 중에 존대하여 그 사랑을 받았고 그 백성을 유익케 하고 안위하였다.

본문의 교훈을 정리해보자. 첫째로, 하나님께서는 악한 하만과 그의 동료들과 그의 악한 뜻을 동조한 악한 자들을 엄하게 심판하셨다. 전국에서 7만 5천명이 죽임을 당하였고, 수산성에서 첫째 날 5백명, 둘째 날 3백명이 죽임을 당했고, 하만의 열 아들들도 죽임을 당하였다. 하나님께서는 각 사람에게 그 행한 대로 보응하시되 참고 선을 행하여 영광과 존귀와 썩지 아니함을 구하는 자들에게는 영생으로 하시고 당을 지어 진리를 좇지 아니하고 불의를 좇는 자들에게는 노와 분으로 하신다(롬 2:6-8). 사람은 무엇으로 심든지 그대로 거둔다(갈 6:7). 그러므로 우리는 모든 악을 버리고 오직 정직하고 선하게만 살아야 한다.

둘째로, 하나님께서 하만과 유대인의 대적자들의 계획을 헛되게 하시고 도리어 멸망케 하셨고 유대인들을 몰살 위기에서 구원하신 이 일은 하나님의 놀라운 섭리일 뿐 아니라, 모르드개와 에스더와 유대인들이 금식하며 부르짖은 기도의 결과이었고 기도 응답이었다. 하나님의 뜻과 그의 주권적 섭리는 우리의 간절한 기도를 통해 이루어진다. 우리가 기도하지 않으면 우리는 좋은 것을 하나님께 얻지 못할 것이지만, 우리가 하나님께 무엇을 간절히 구하면 얻을 것이다. 주께서는 "구하라 그러면 너희에게 주실 것이요, 찾으라 그러면 찾을 것이요, 문을 두드리라 그러면 너희에게 열릴 것이니, 구하는 이마다 얻을 것이요 찾는 이가 찾을 것이요 두드리는 이에게 열릴 것이니라"고 말씀하셨다(마 7:7, 8). 우리는 우리의 모든 길을 주권적 섭리자 하나님께 맡기고 하나님의 뜻대로 정직하고 선하게 살면서 오직 하나님께 간절히 기도해야 한다.

셋째로, 하나님께서는 유대인들에게 슬픔과 애통 대신 기쁨과 즐거움을 주셨다. 하나님의 뜻은 우리가 죄에서 구원받고 기쁨 중에 사는 것이다. 성도에게 때때로 징계의 슬픔이나 훈련의 고통이 있지만, 기쁨과 평안의 시간이 곧 올 것이다. 그러므로 성경은 우리에게 주 안에서 항상 기뻐하라고 교훈했다(빌 4:4; 살전 5:16). 또 성경은 우리에게 성령을 따라 행하면 기쁨의 삶을 산다고 교훈했다(갈 5:22). 마음이 평안과 기쁨이 넘친 자가 예수님 잘 믿는 자이며, 근심과 걱정이 많은 자는 잘 믿는 자가 아니다. 우리는 주께서 주시는 기쁨과 평안을 누려야 한다.

저자 소개

연세대학교 문과대학 철학과 졸업 (B.A.).
총신대학 신학연구원[신학대학원] 졸업 (M.Div. equiv.).
미국, Faith Theological Seminary 졸업 (Th.M. in N.T.).
미국, Bob Jones University 대학원 졸업 (Ph.D. in Theology).
계약신학대학원 교수 역임, 합정동교회 담임목사.
[역서] J. 그레셤 메이천, 신약개론, 신앙이란 무엇인가? 등 다수.
[저서] 구약성경강해 1, 2, 신약성경강해, 조직신학, 기독교교리개요,
기독교 윤리, 현대교회문제, 자유주의 신학의 이단성, 에큐메니칼운동
비평, 복음주의 비평, 현대교회문제자료집, 천주교회비평 등.

에스라-느헤미야-에스더 강해

2012년 6월 15일 1판
2018년 3월 23일 2판
2023년 4월 21일 3판

저　자　김 효 성
발행처　옛신앙 출판사
Old-time Faith Press
www.oldfaith.net
서울 마포구 독막로 26 (합정동)
합정동교회 내
02-334-8291, 팩스 02-337-4869
oldfaith @ hjdc.net
등록번호: 제10-1225호

ISBN　978-89-98821-77-7　03230　정가: 4,000원

♣ '**옛신앙**'이란, 옛부터 하나님의 선지자들과 주 예수 그리스도의 사도들이 가졌던 신앙, 오직 정확 무오(正確無誤)한 하나님 말씀인 신구약성경에만 근거한 신앙, 오늘날 배교(背敎)와 타협의 풍조에 물들지 않는 신앙을 의미합니다.

"여호와께서 이같이 말씀하시되 '너희는 길에 서서 보며 **옛적 길** 곧 **선한 길**이 어디인지 알아보고 그리로 행하라. 너희 심령이 평강을 얻으리라' 하나, 그들의 대답이 '우리는 그리로 행치 않겠노라' 하였으며"(렘 6:16).

옛신앙 출판사 서적 안내

1. 김효성, 현대교회문제. [6판]. 204쪽. 4,000원.
2. 김효성, 자유주의 신학의 이단성. [2판]. 170쪽. 4,000원.
3. 김효성, 에큐메니칼운동 비평. 158쪽. 6,000원.
4. 김효성, 복음주의 비평. 193쪽. 6,000원.
5. 김효성, 천주교회 비평. [2판]. 97쪽. 3,000원.
6. 김효성, 이단종파들. [6판]. 70쪽. 700원.
7. 김효성, 공산주의 비평. [6판]. 44쪽. 2,000원.
8. 김효성, 조직신학. [2판]. 627쪽. 6,000원.
9. 김효성, 기독교 교리개요. [10판]. 96쪽. 2,500원.
10. 김효성, 기독교 윤리. [6판]. 240쪽. 4,500원.
11. 김효성, 신약성경 전통본문 옹호. 166쪽. 4,000원.
12. 김효성, 기독교 신앙입문. [10판]. 34쪽. 600원.
14. 김효성, 창세기 강해. [3판]. 359쪽. 6,000원.
15. 김효성, 출애굽기 강해. [2판]. 204쪽. 4,000원.
16. 김효성, 레위기 강해. [3판]. 164쪽. 4,000원.
17. 김효성, 민수기 강해. [2판]. 182쪽. 4,000원.
18. 김효성, 신명기 강해. [2판]. 184쪽. 4,000원.
19. 김효성, 여호수아 사사기 룻기 강해. [3판]. 216쪽. 4,000원.
20. 김효성, 사무엘서 강해. [3판]. 233쪽. 5,000원.
21. 김효성, 열왕기 강해. [3판]. 217쪽. 5,000원.
22. 김효성, 역대기 강해. [3판]. 255쪽. 6,000원.
23. 김효성, 에스라 느헤미야 에스더 강해. [2판]. 129쪽. 3,000원.
24. 김효성, 욥기 강해. [2판]. 195쪽. 4,000원.
25. 김효성, 시편 강해. [3판]. 703쪽. 10,000원.
26. 김효성, 잠언 강해. [3판]. 623쪽. 10,000원.
27. 김효성, 전도서 강해. [3판]. 84쪽. 3,000원.
28. 김효성, 아가서 강해. [3판]. 88쪽. 3,000원.
29. 김효성, 이사야 강해. [3판]. 406쪽. 8,000원.
30. 김효성, 예레미야 및 애가 강해. [2판]. 359쪽. 6,000원.
31. 김효성, 에스겔 다니엘 강해. [2판]. 293쪽. 6,000원.
32. 김효성, 소선지서 강해. [2판]. 318쪽. 6,000원.
33. 김효성, 마태복음 강해. [2판]. 340쪽. 6,000원.
34. 김효성, 마가복음 강해. [3판]. 223쪽. 5,000원.
35. 김효성, 누가복음 강해. [2판]. 373쪽. 6,000원.
36. 김효성, 요한복음 강해. [3판]. 281쪽. 5,000원.
37. 김효성, 사도행전 강해. [3판]. 236쪽. 4,000원.
38. 김효성, 로마서 강해. [3판]. 145쪽. 4,000원.
39. 김효성, 고린도전서 강해. [2판]. 122쪽. 3,000원.
40. 김효성, 고린도후서 강해. [2판]. 100쪽. 3,000원.
41. 김효성, 갈라디아서 에베소서 강해. [2판]. 169쪽. 4,000원.
42. 김효성, 빌립보서 골로새서 강해. [2판]. 143쪽. 4,000원.
43. 김효성, 데살로니가전후서 빌레몬서 강해. [2판]. 92쪽. 3,000원.
44. 김효성, 디모데전후서 디도서 강해. [2판]. 164쪽. 4,000원.
45. 김효성, 히브리서 강해. [3판]. 109쪽. 3,000원.
46. 김효성, 야고보서 베드로전후서 강해. [2판]. 145쪽. 4,000원.
47. 김효성, 요한1,2,3서 유다서 강해. [2판]. 104쪽. 3,000원.
48. 김효성, 요한계시록 강해. [2판]. 173쪽. 4,000원.
☆ 주문: oldfaith.net/07books.htm   전화: 02-334-8291
☆ 계좌: 우리은행 1005-604-140217 합정동교회